This Coloring Book Belongs To :

____

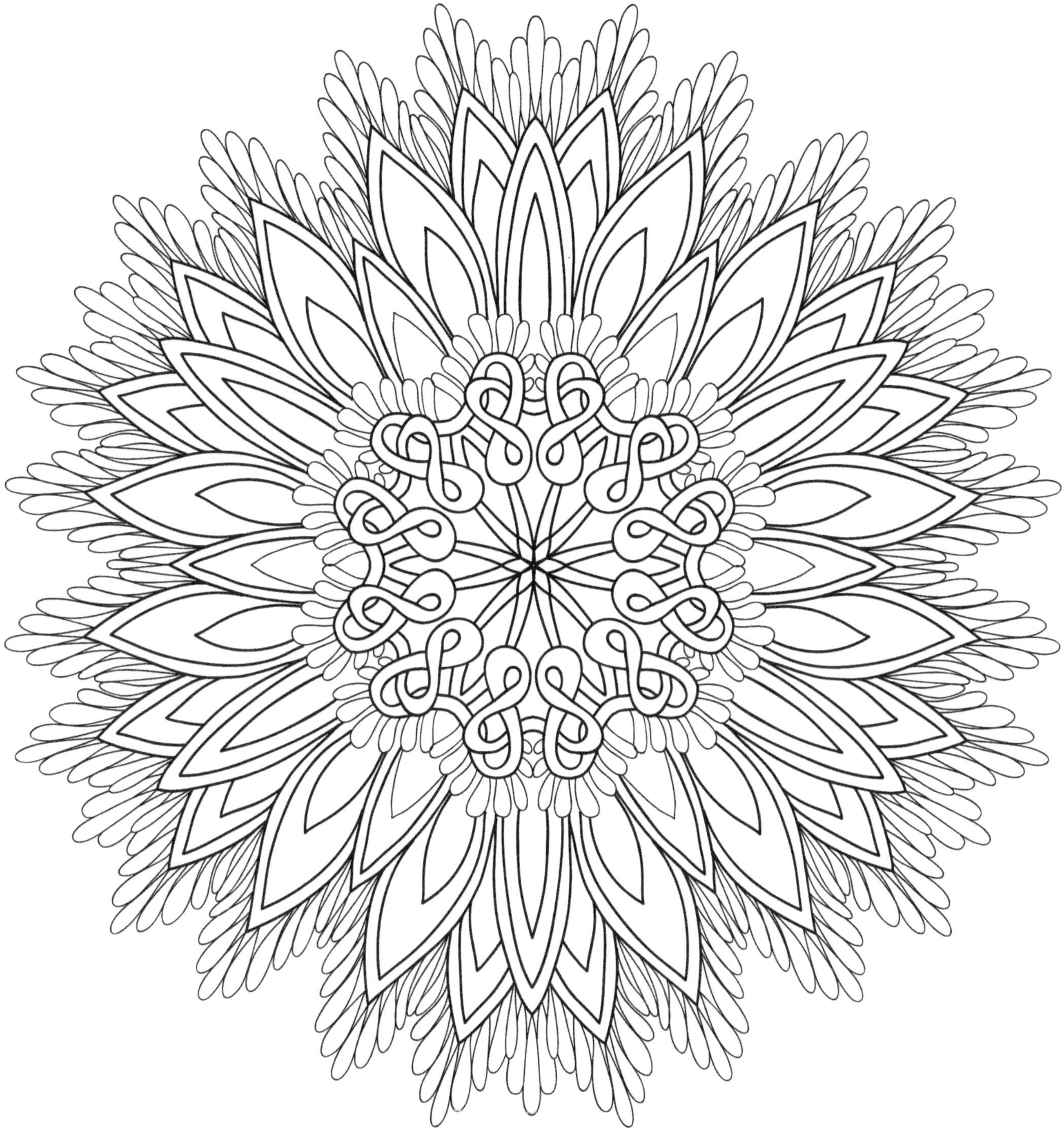

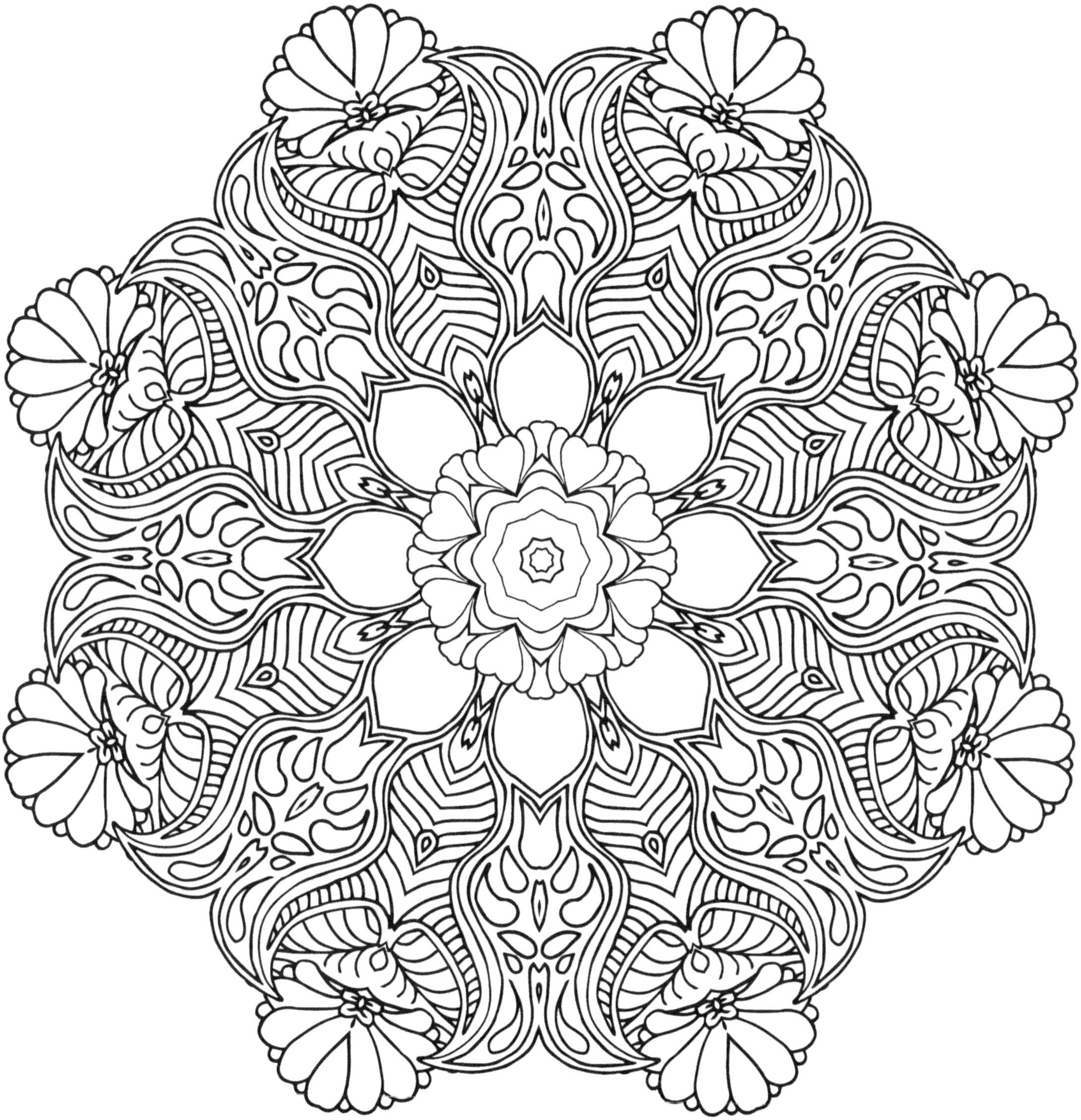

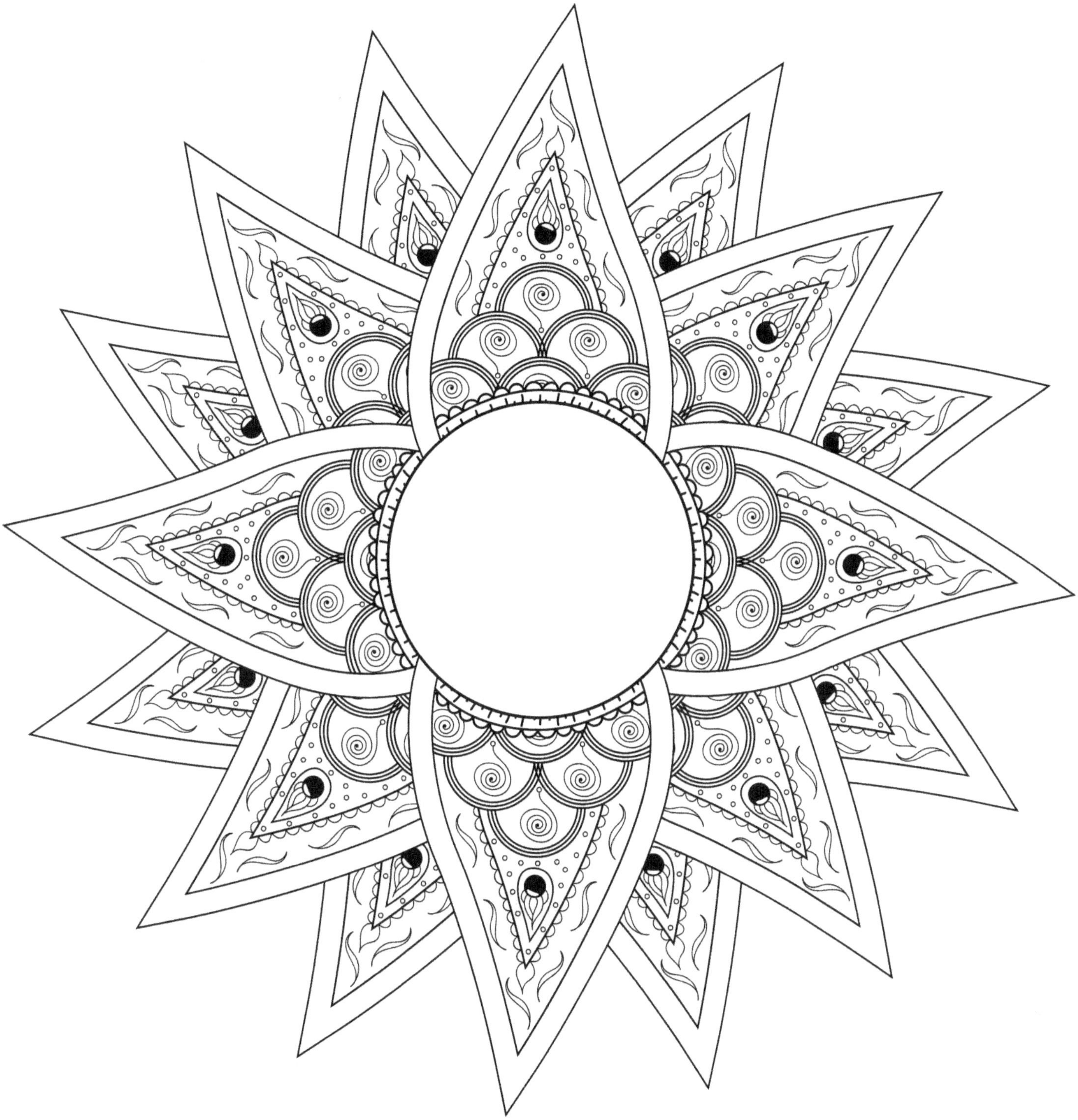

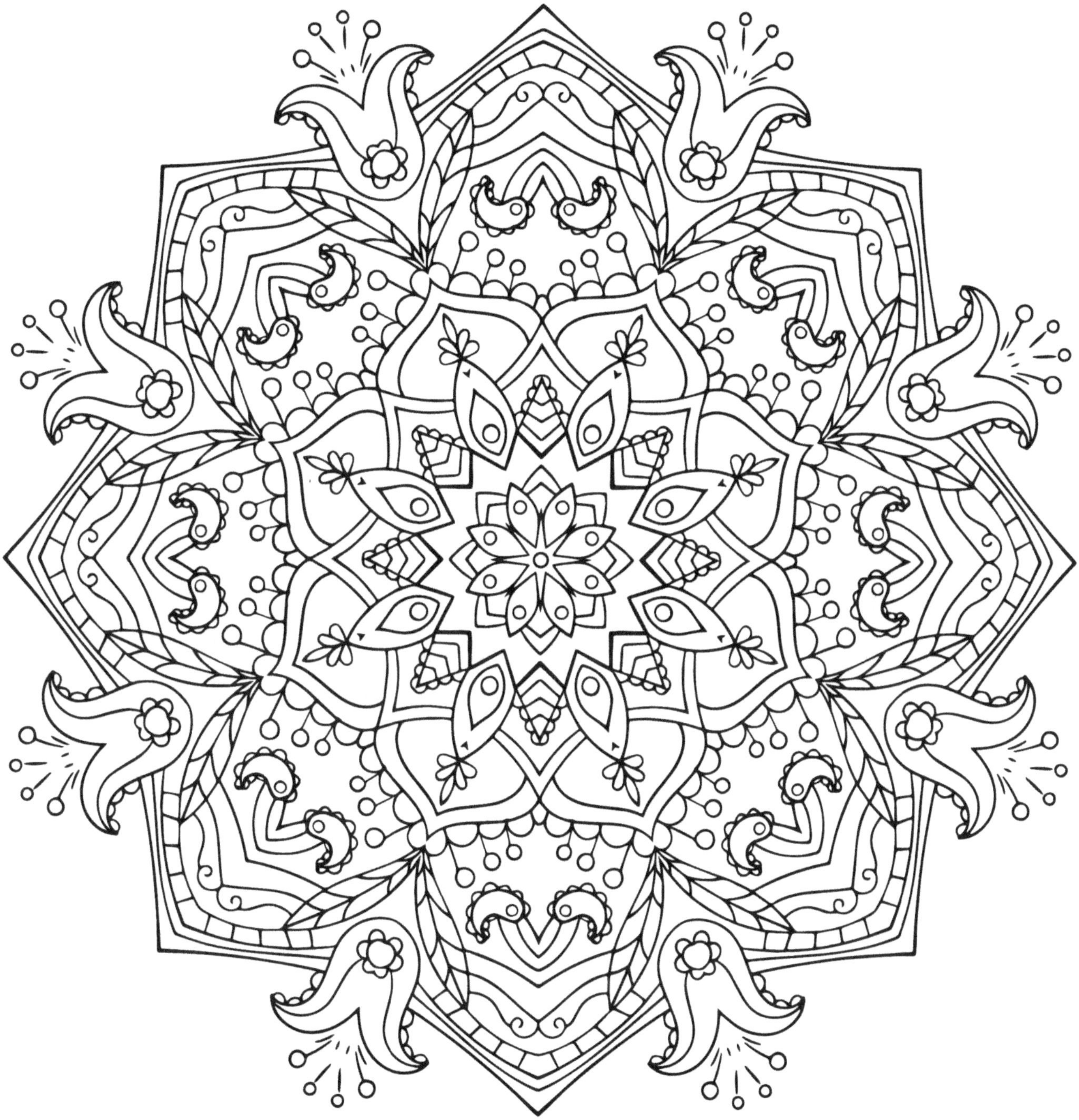

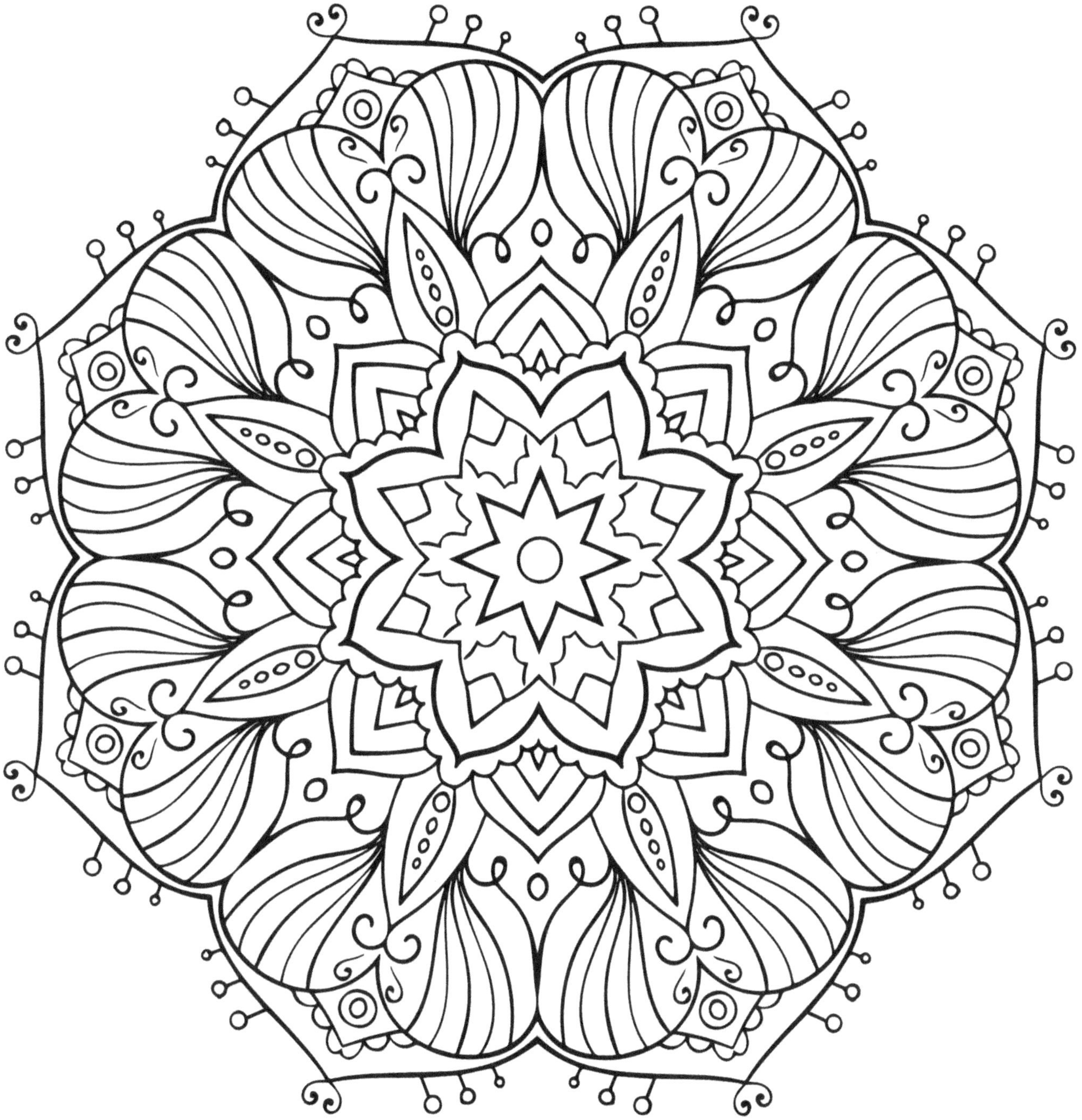

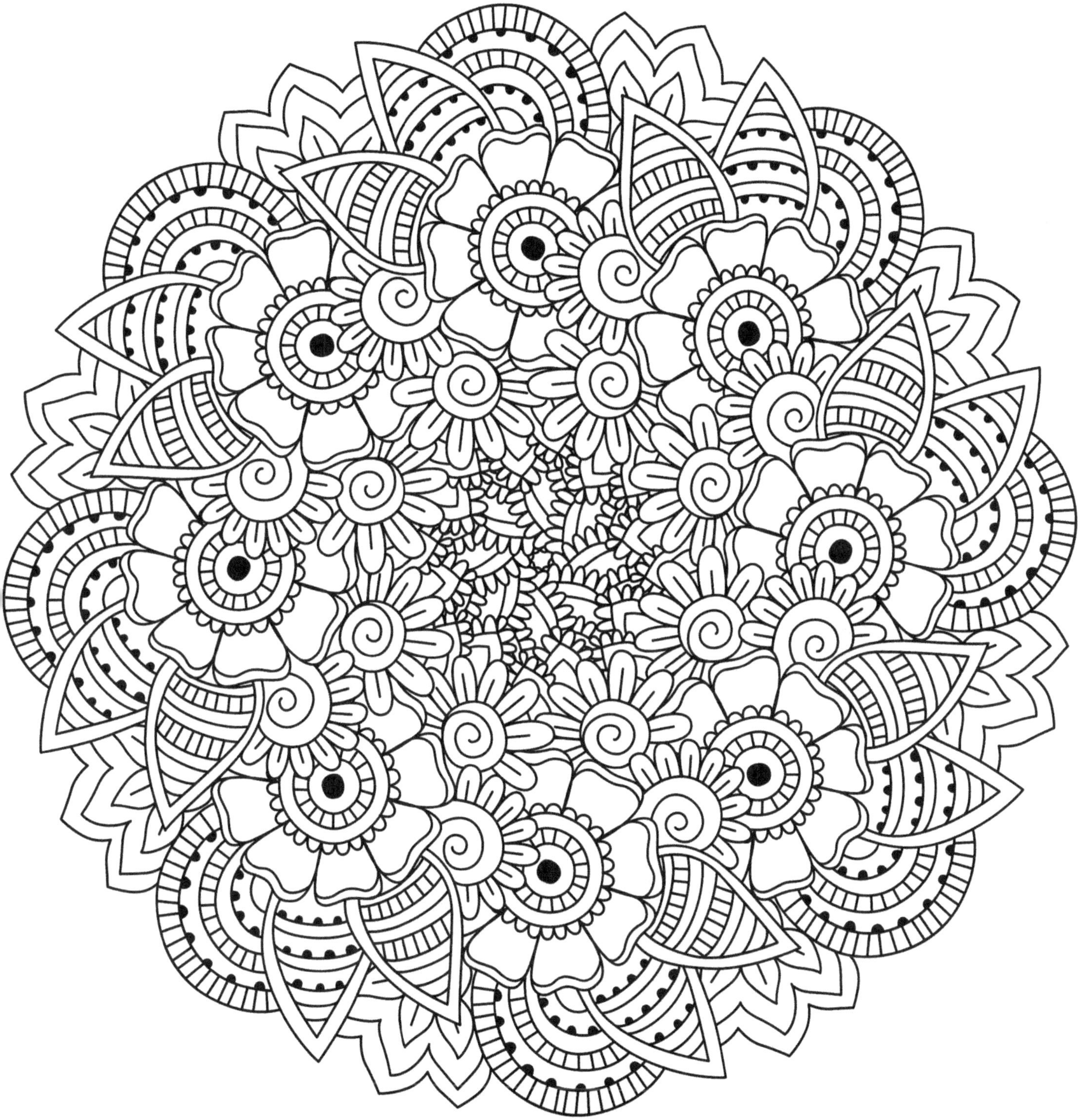

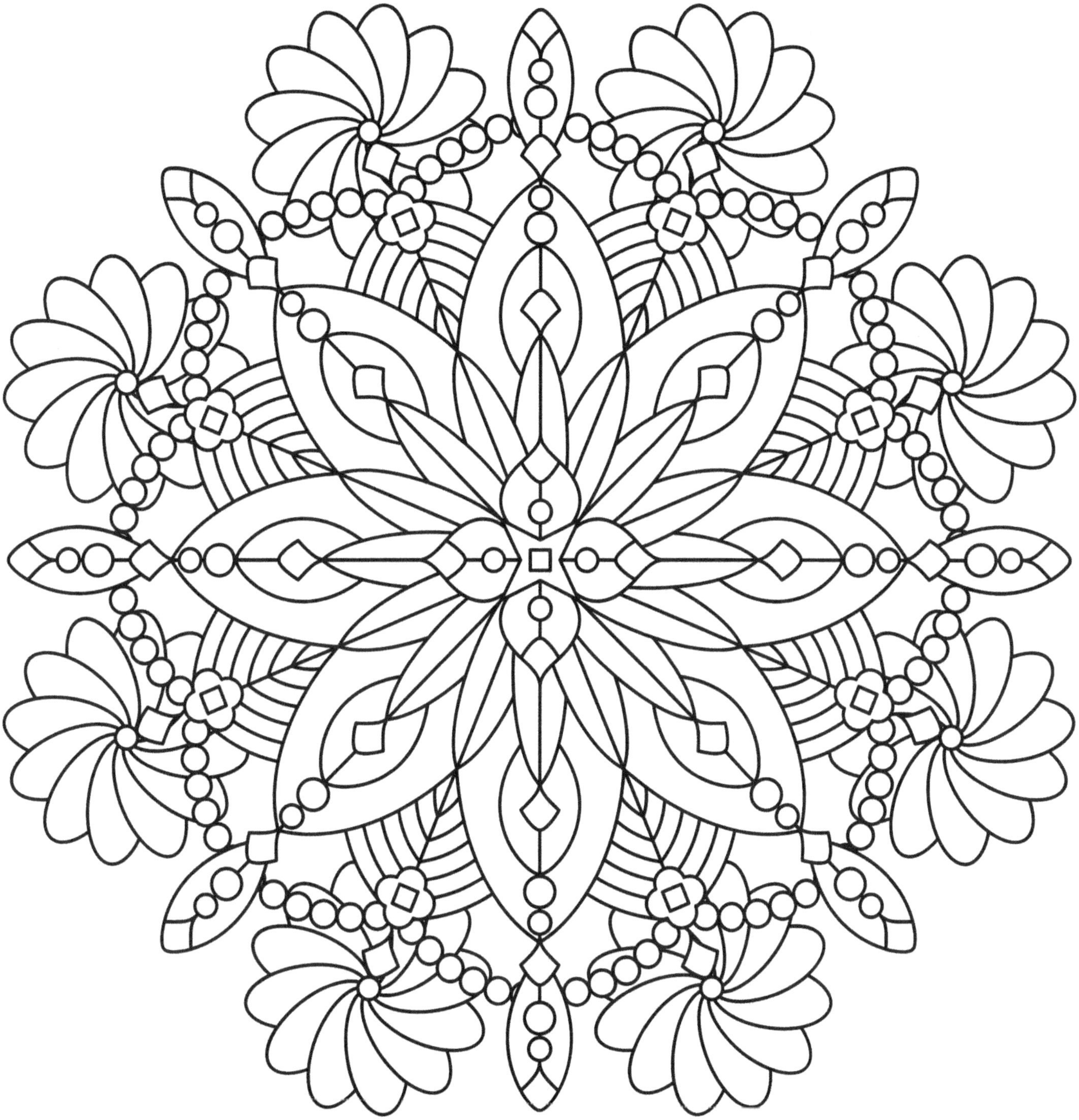

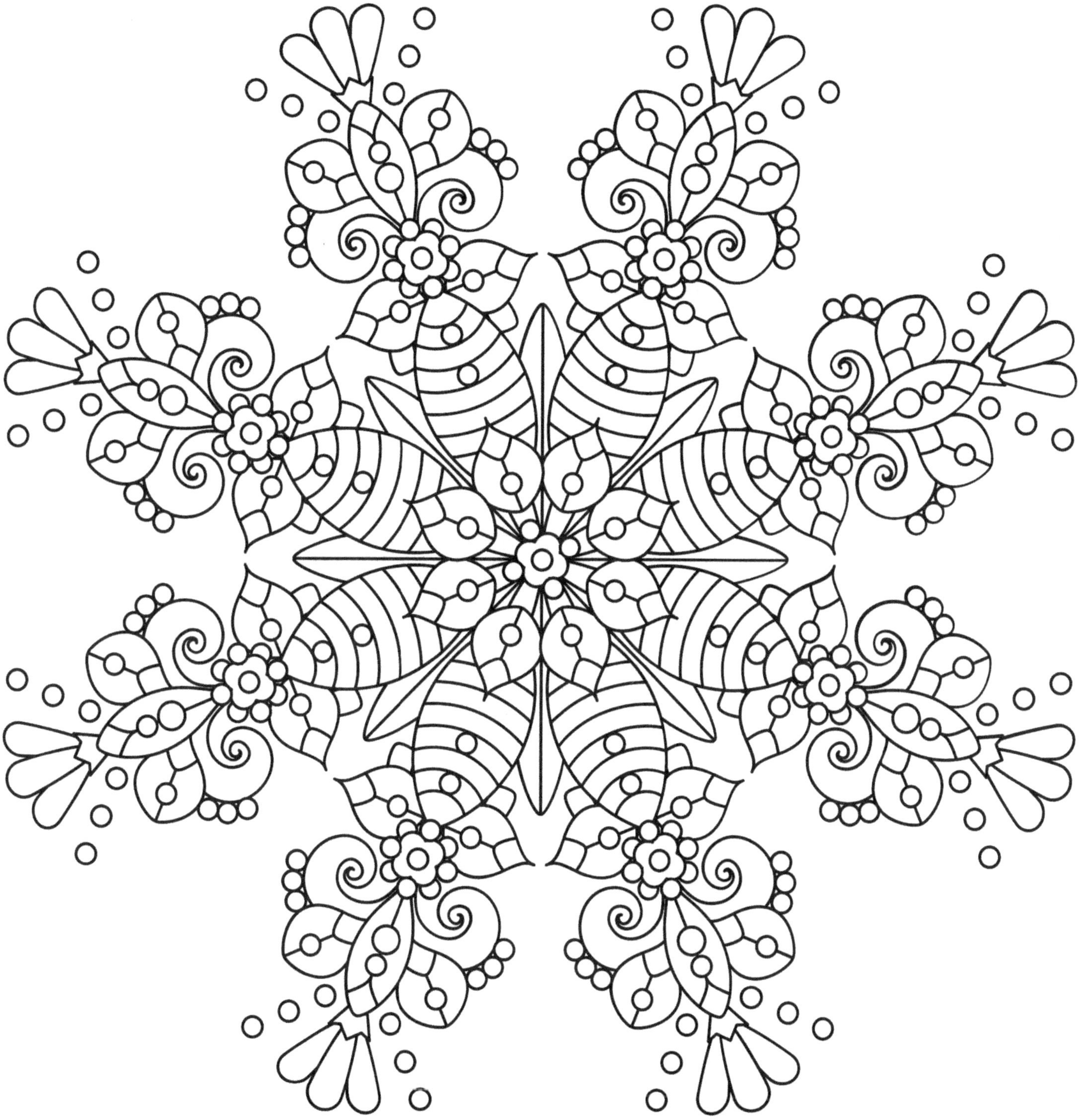

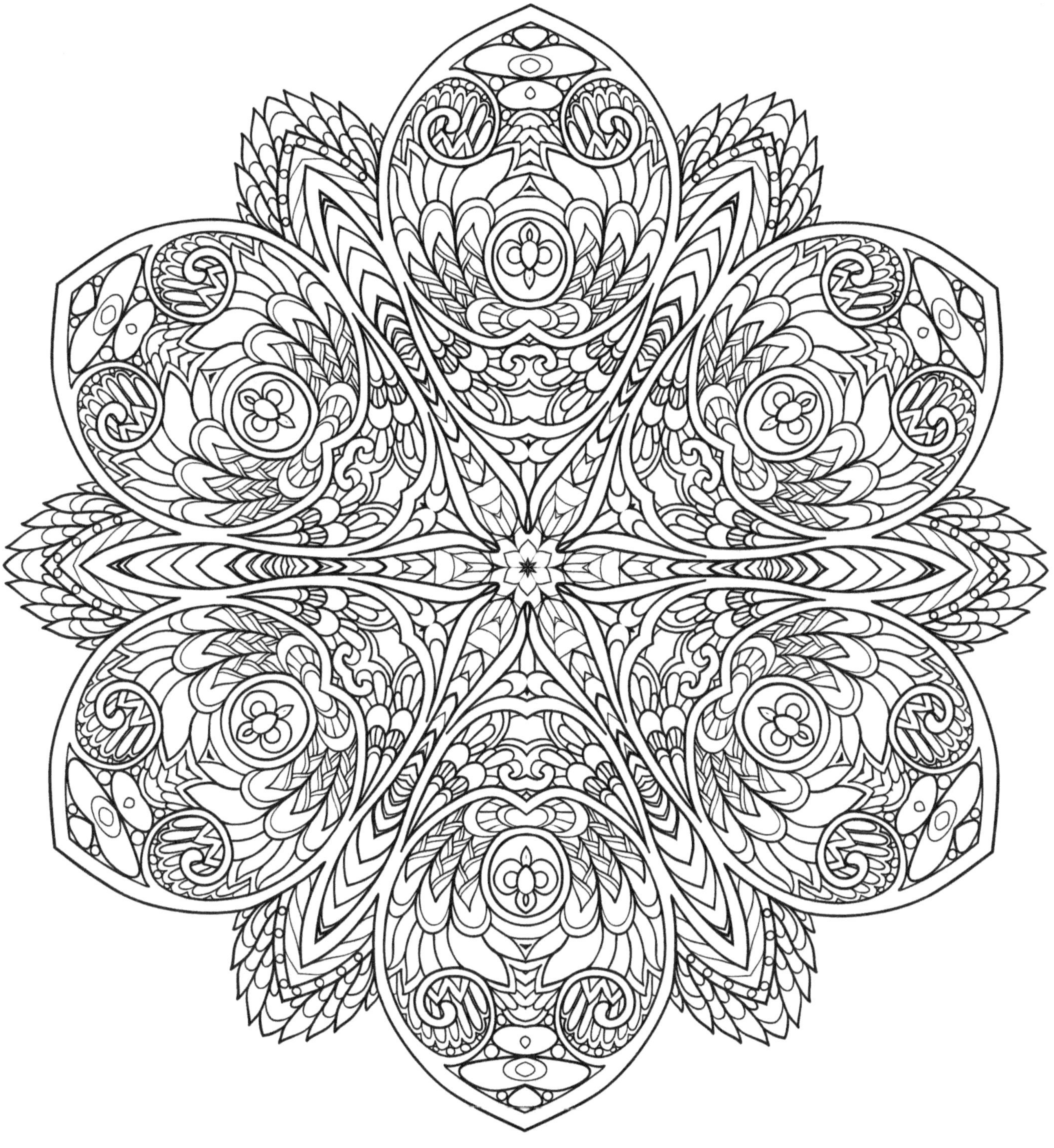

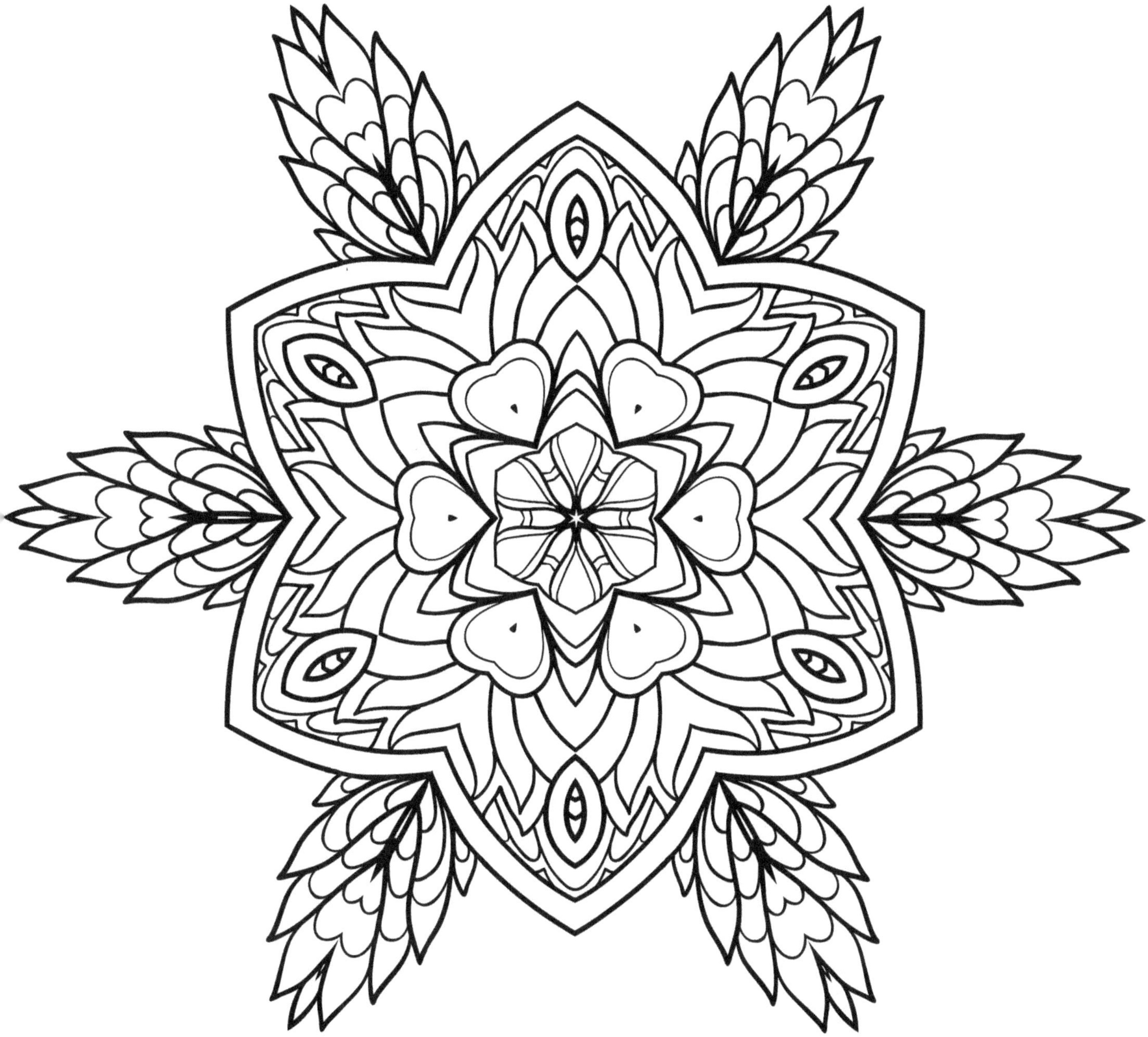

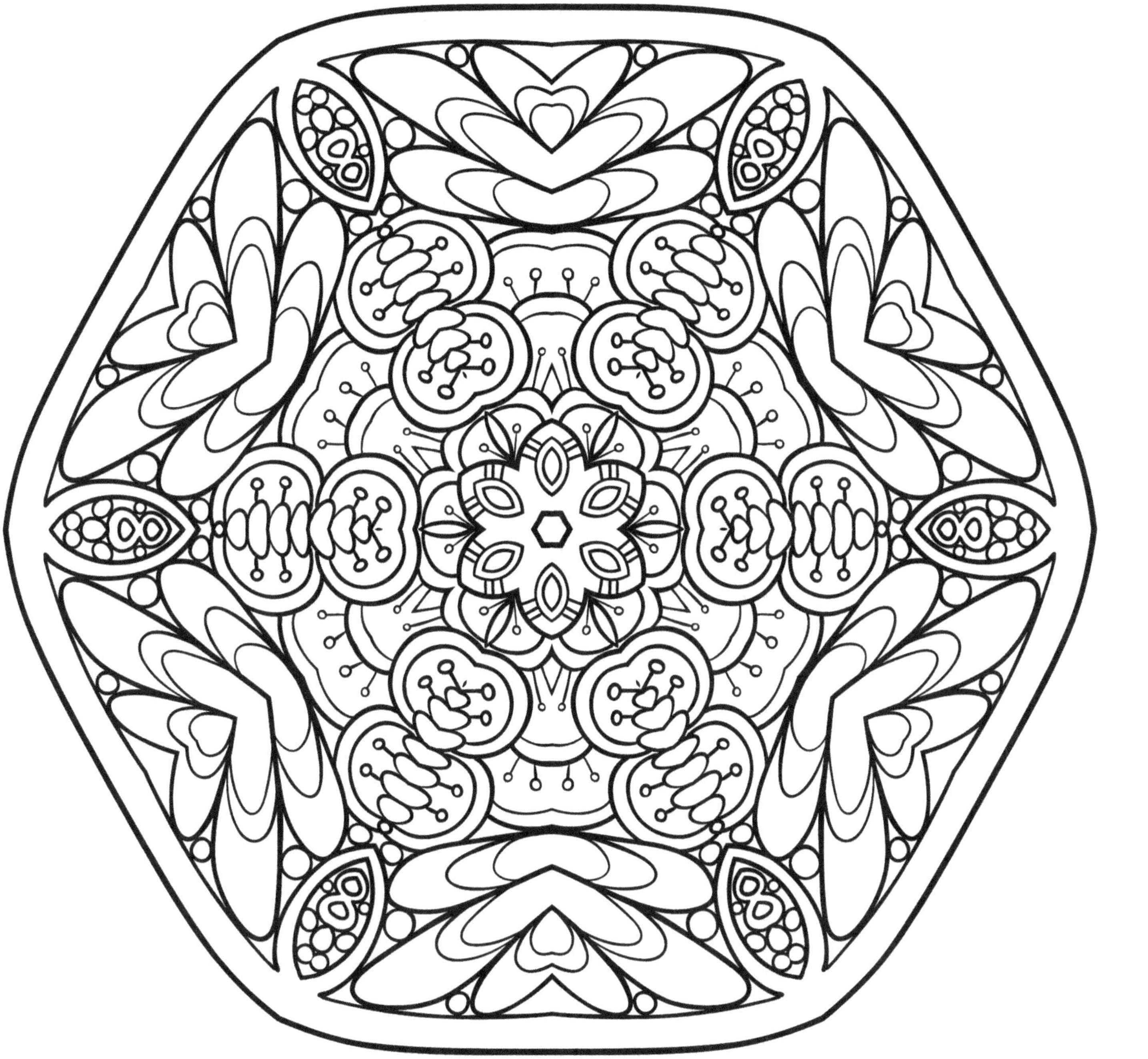

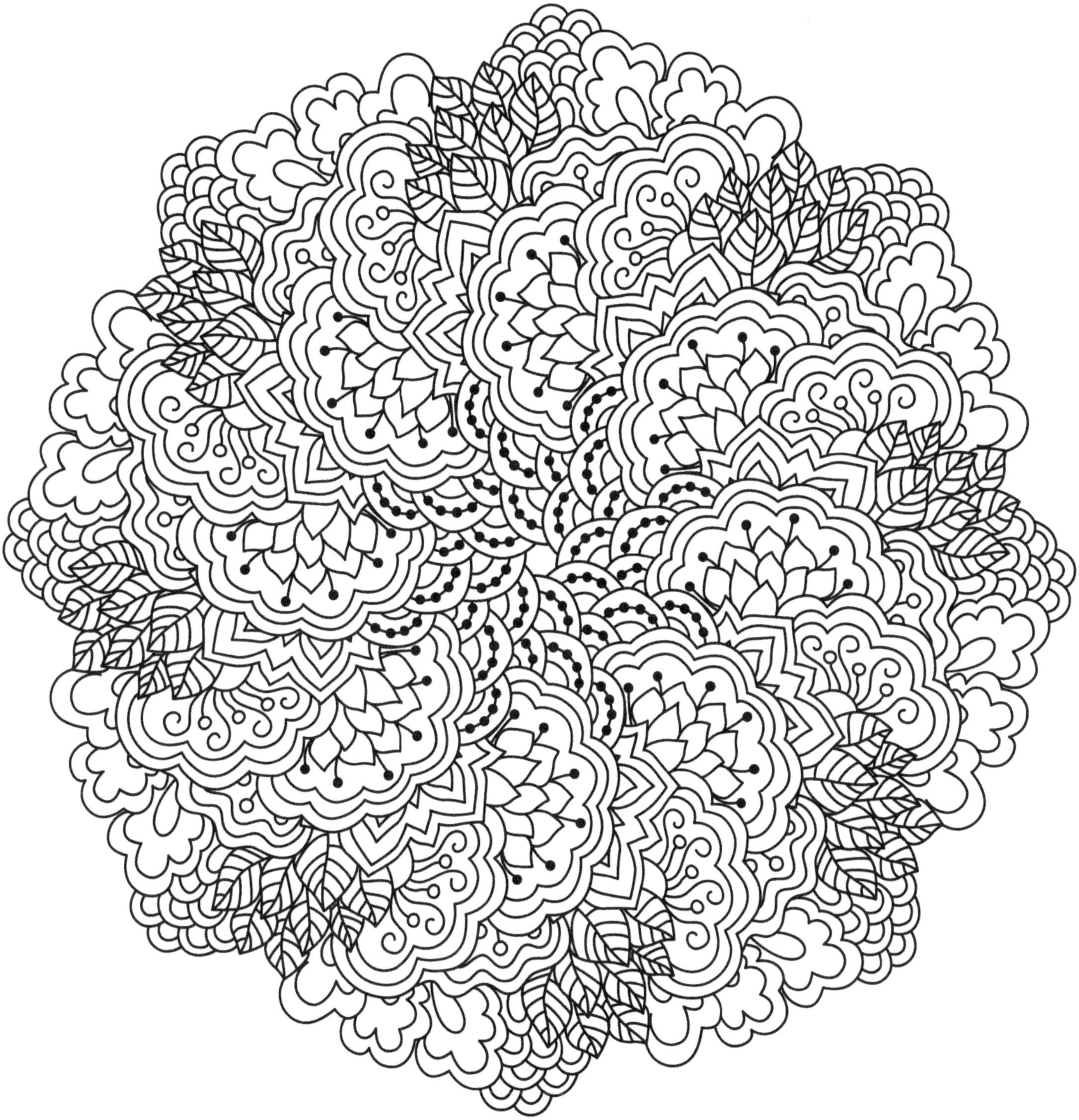

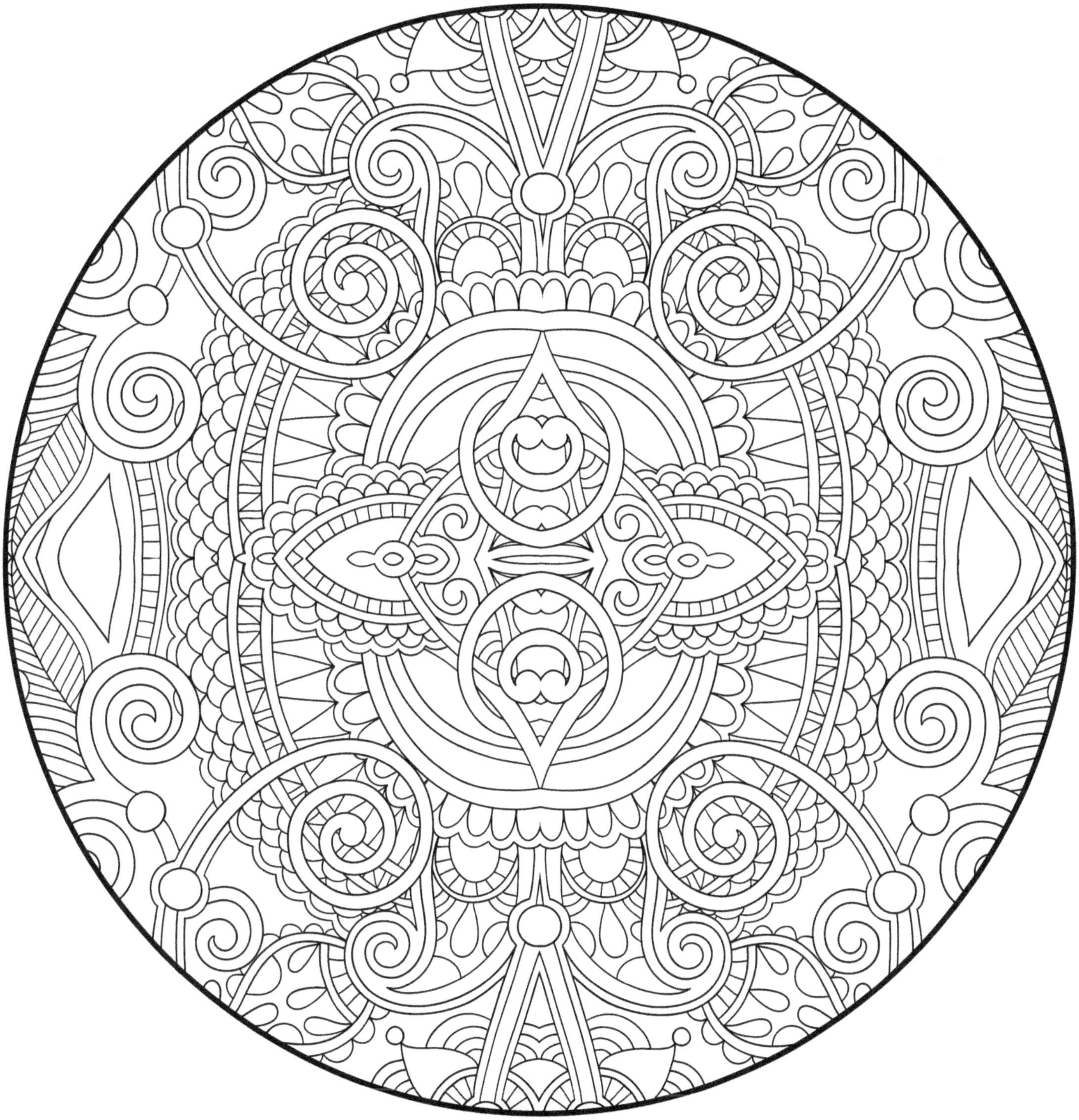

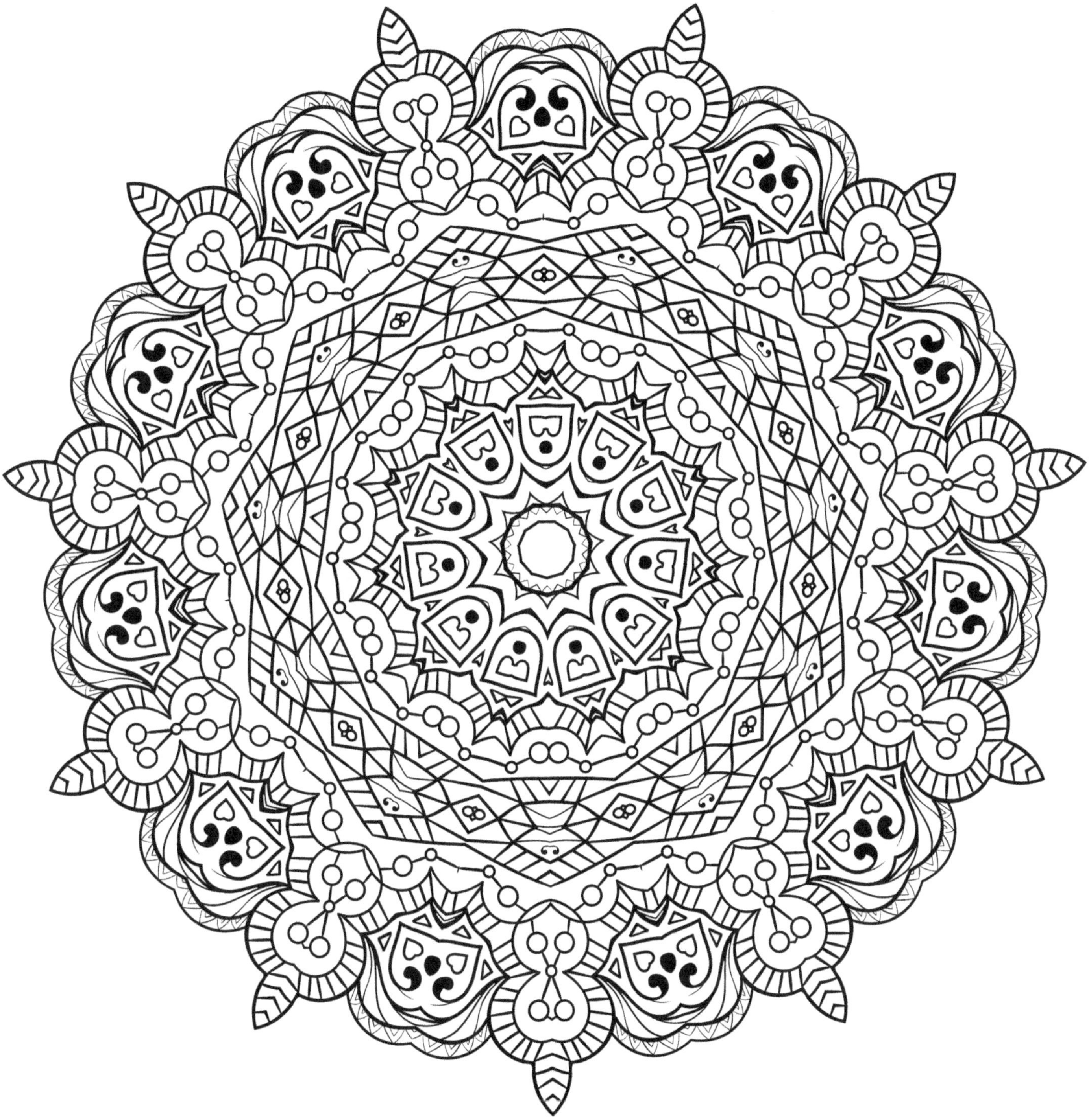

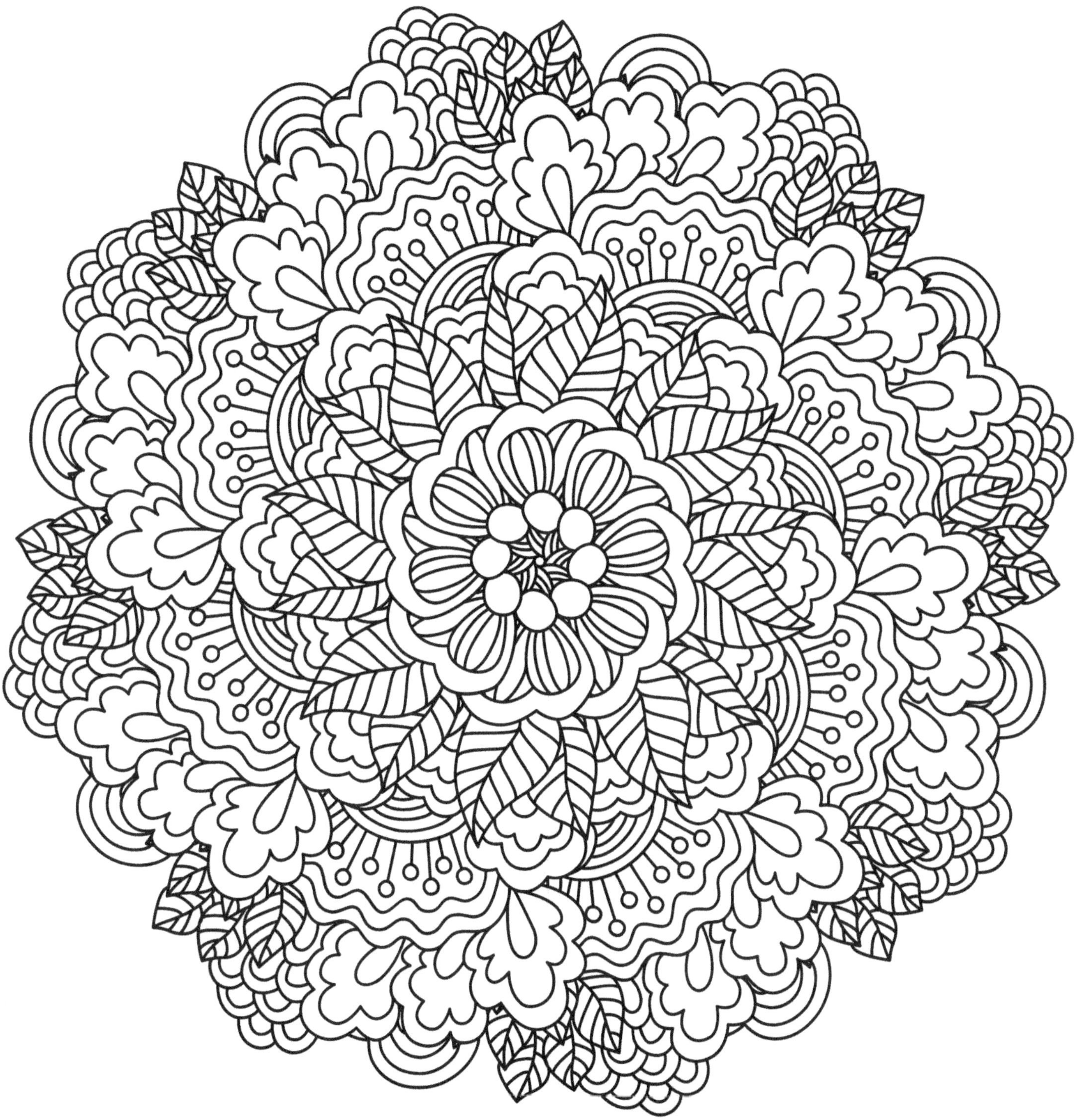

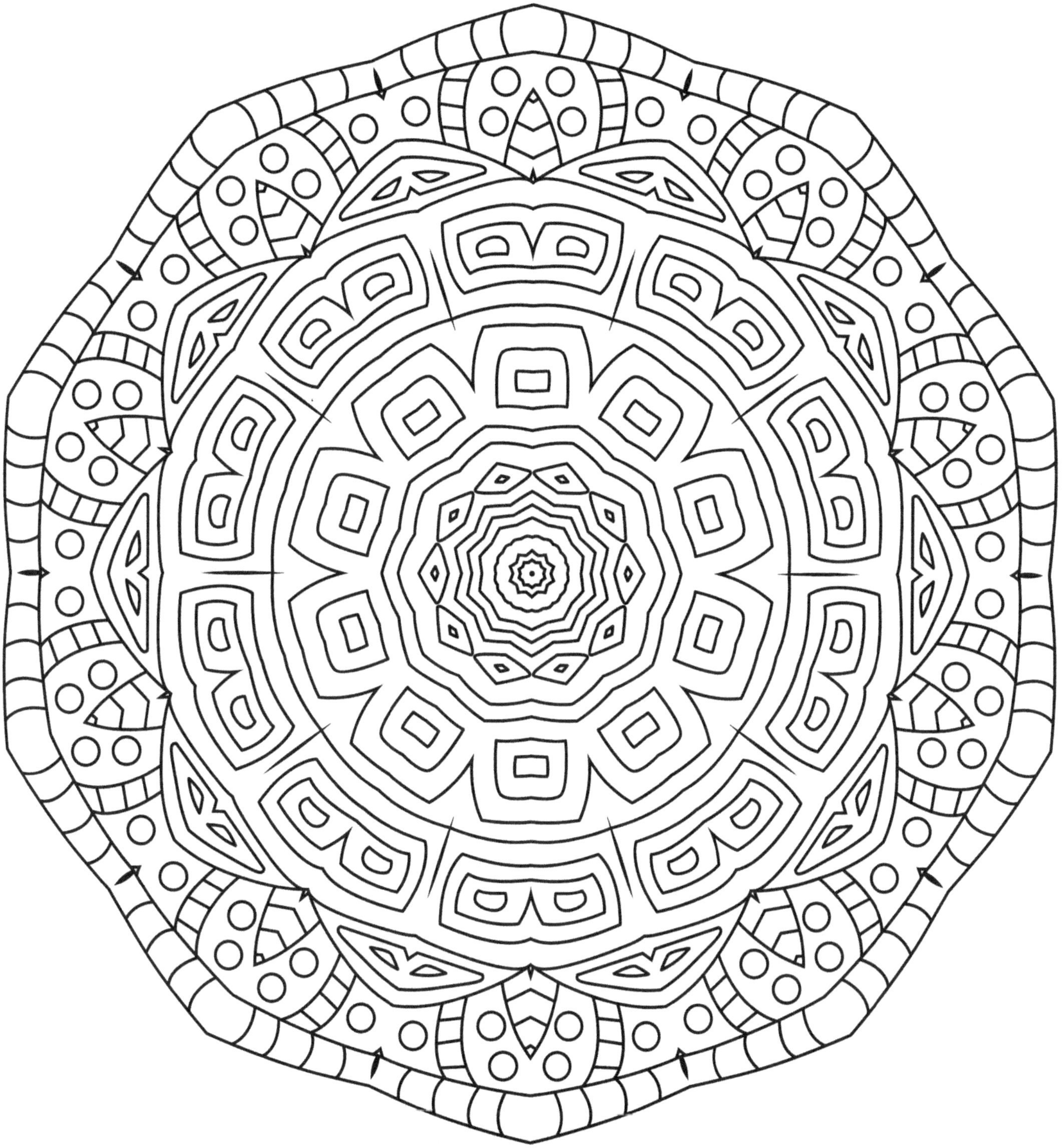

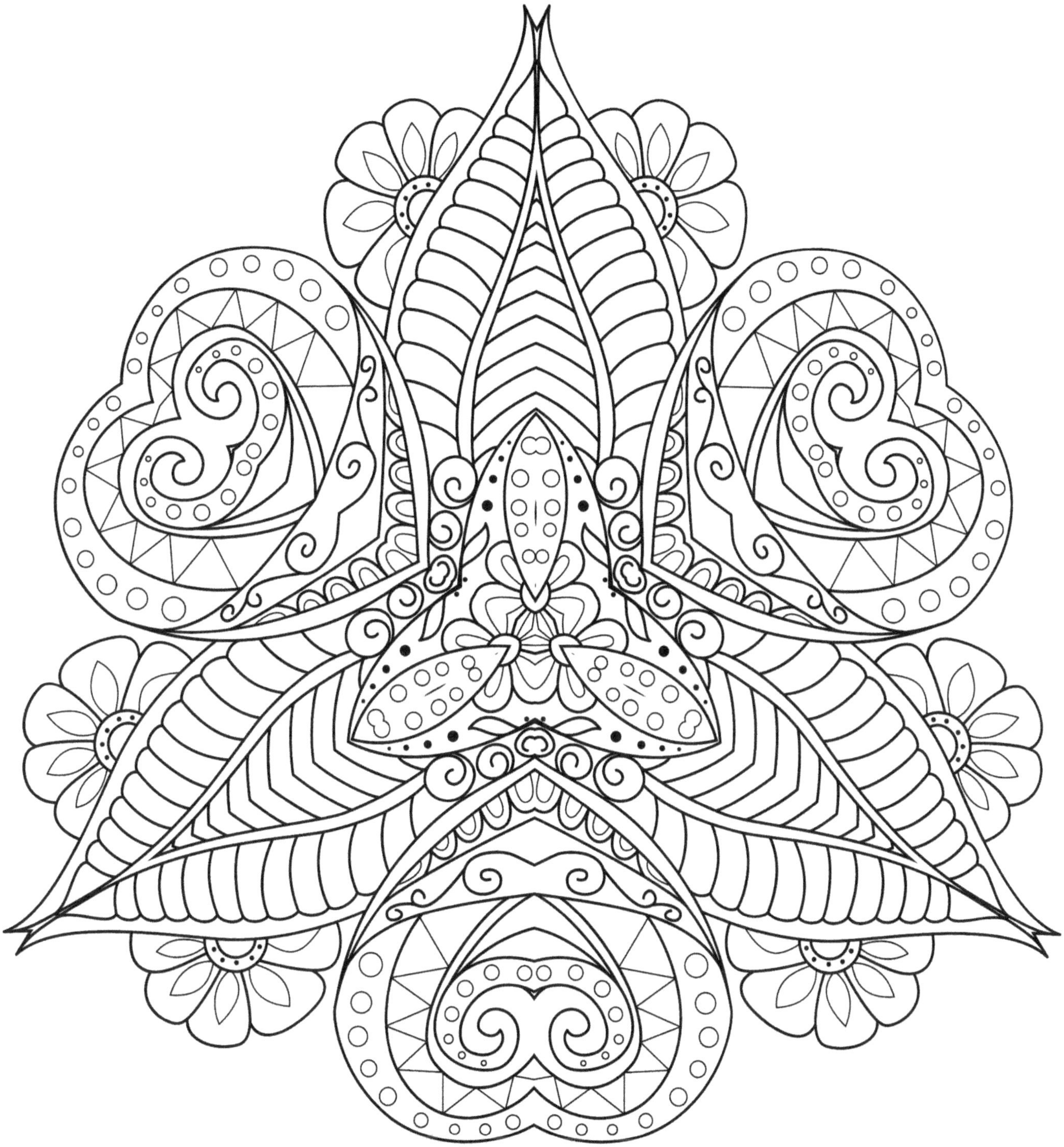

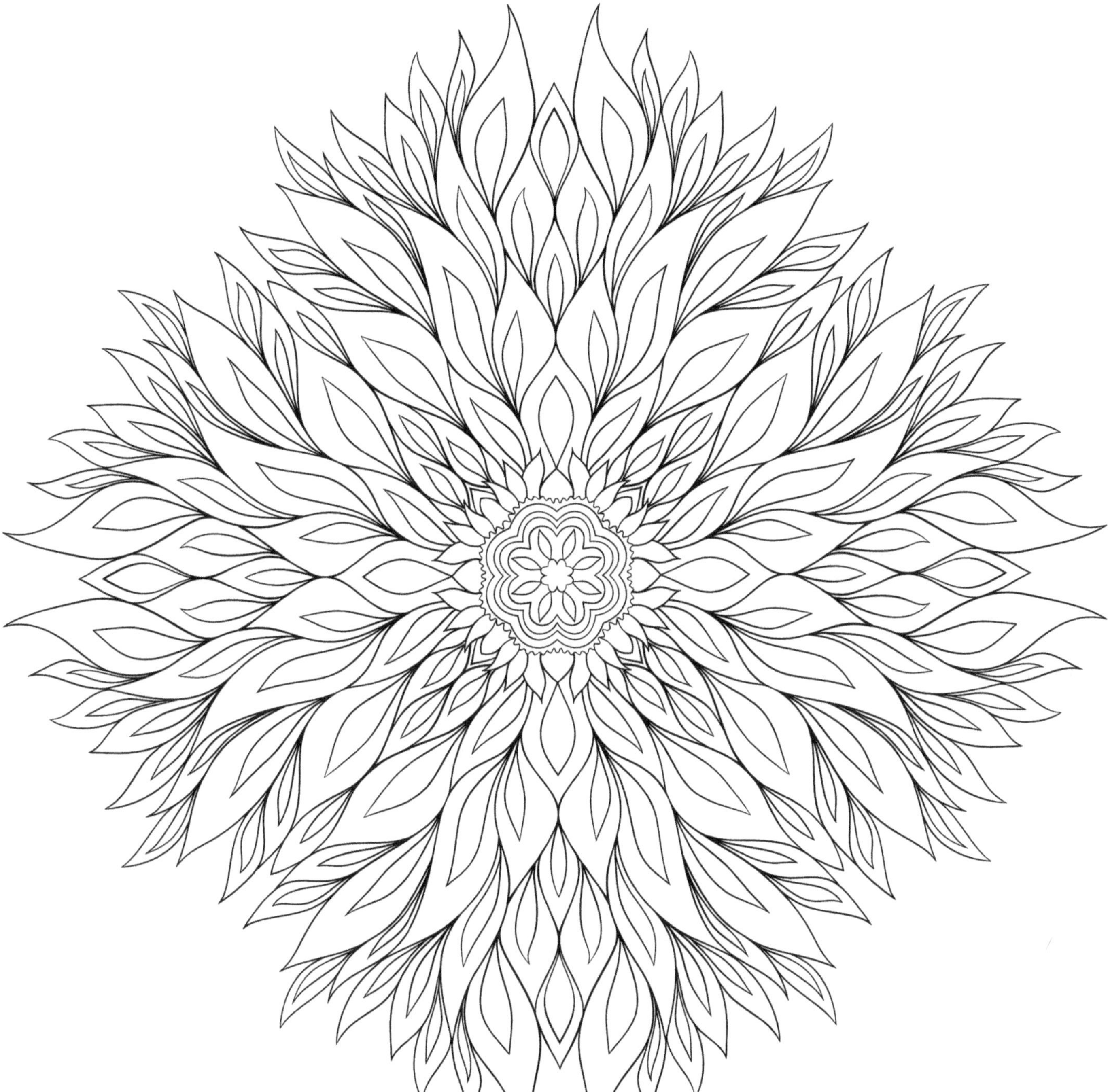

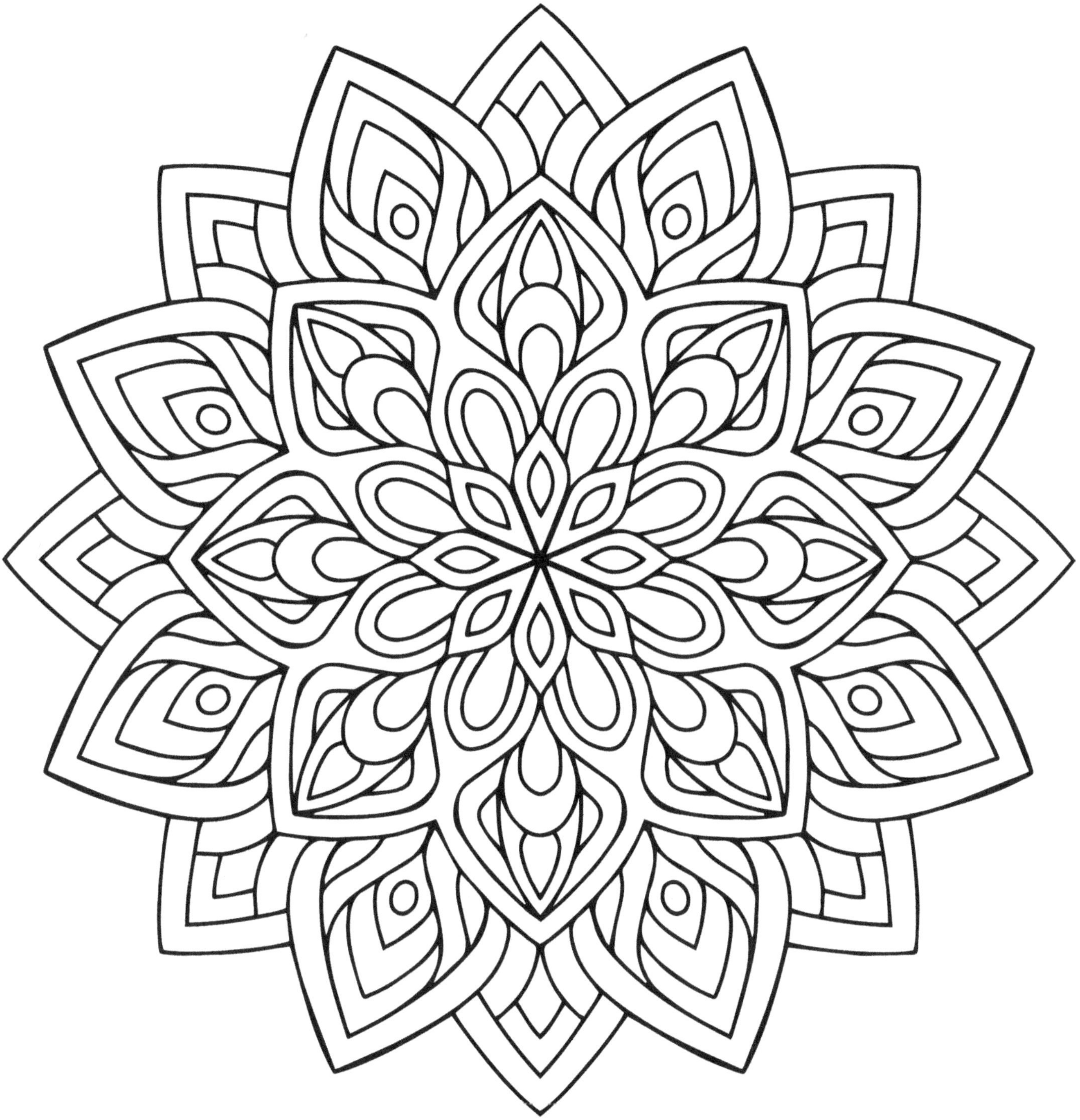

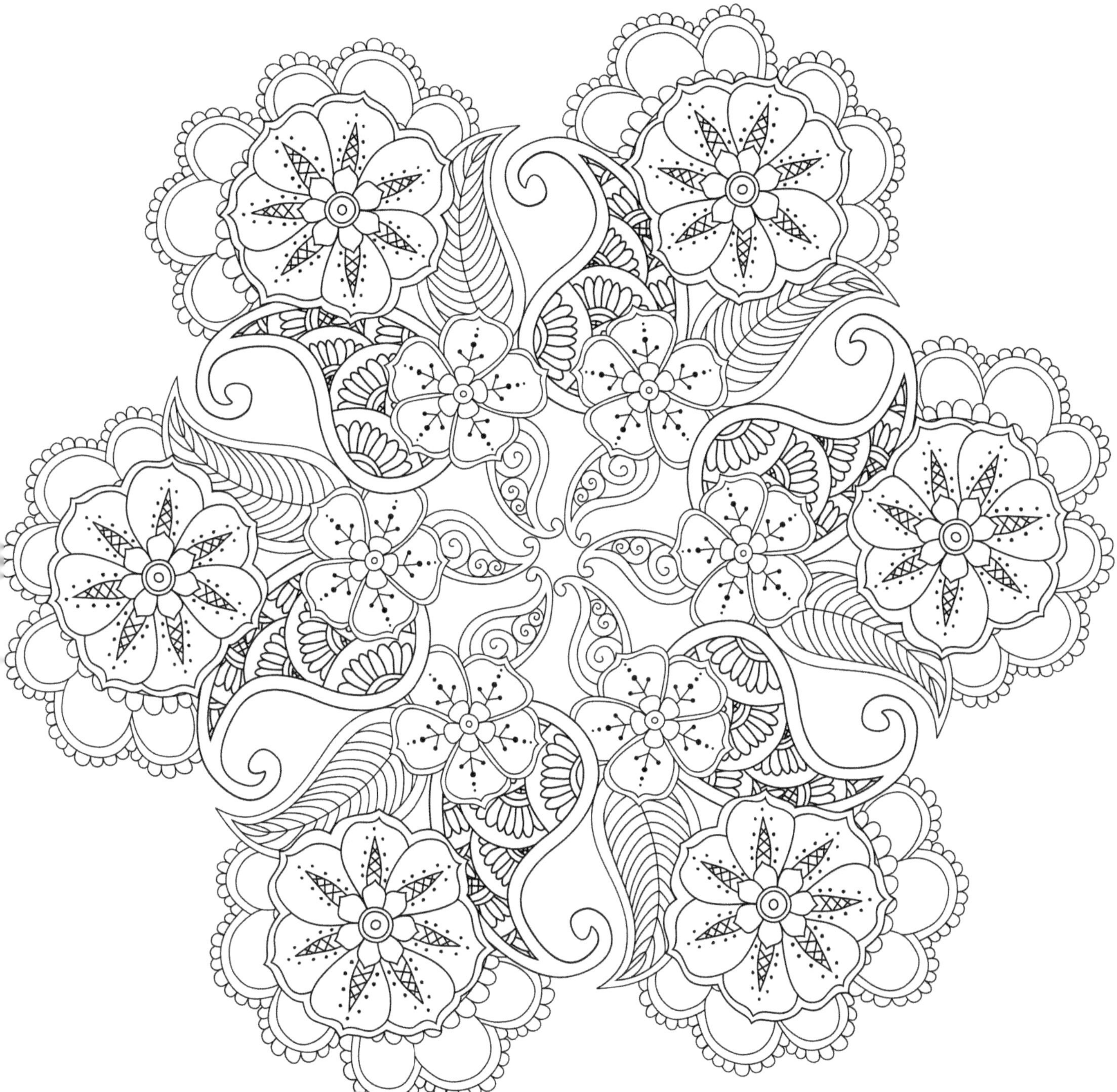

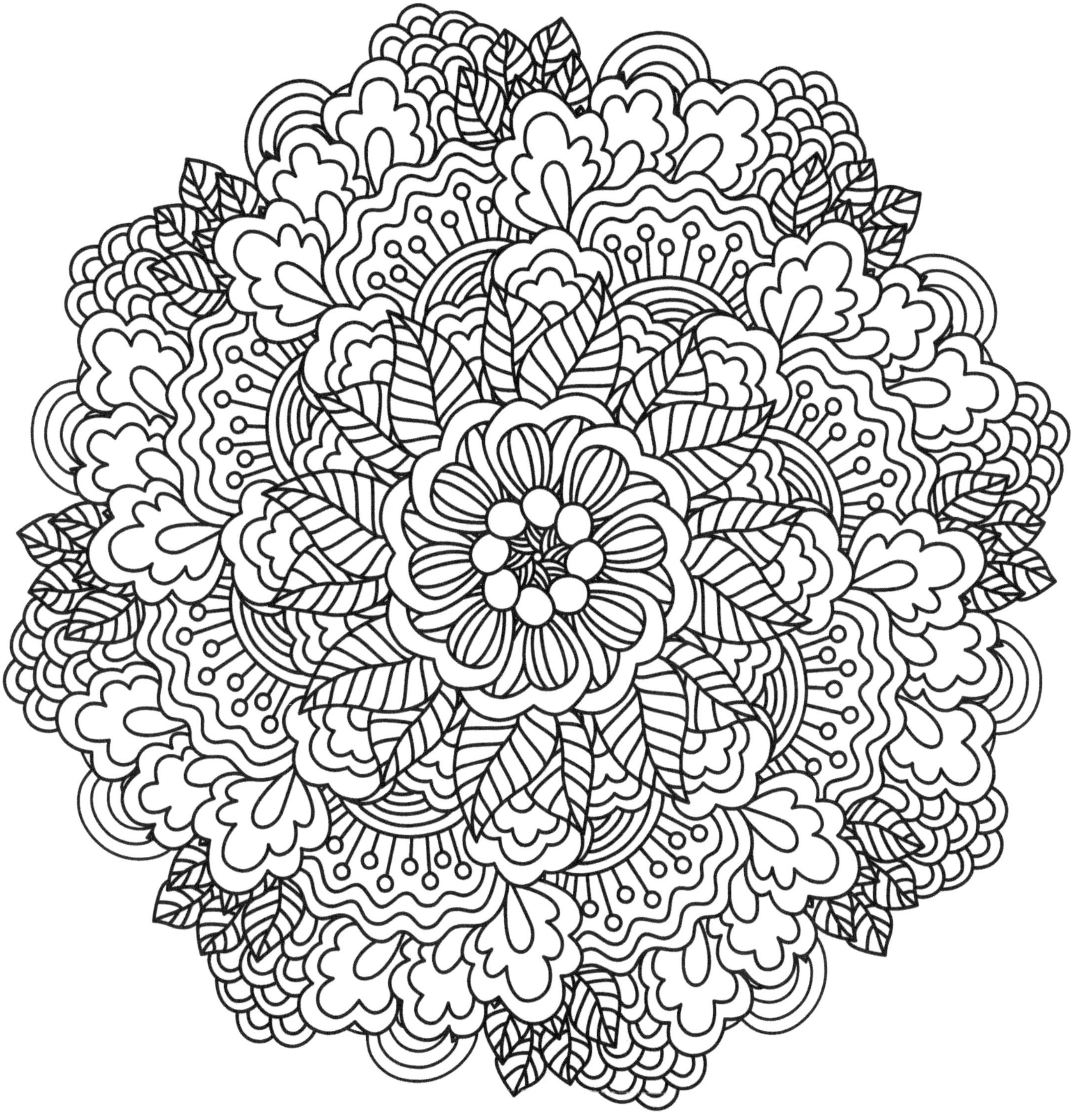

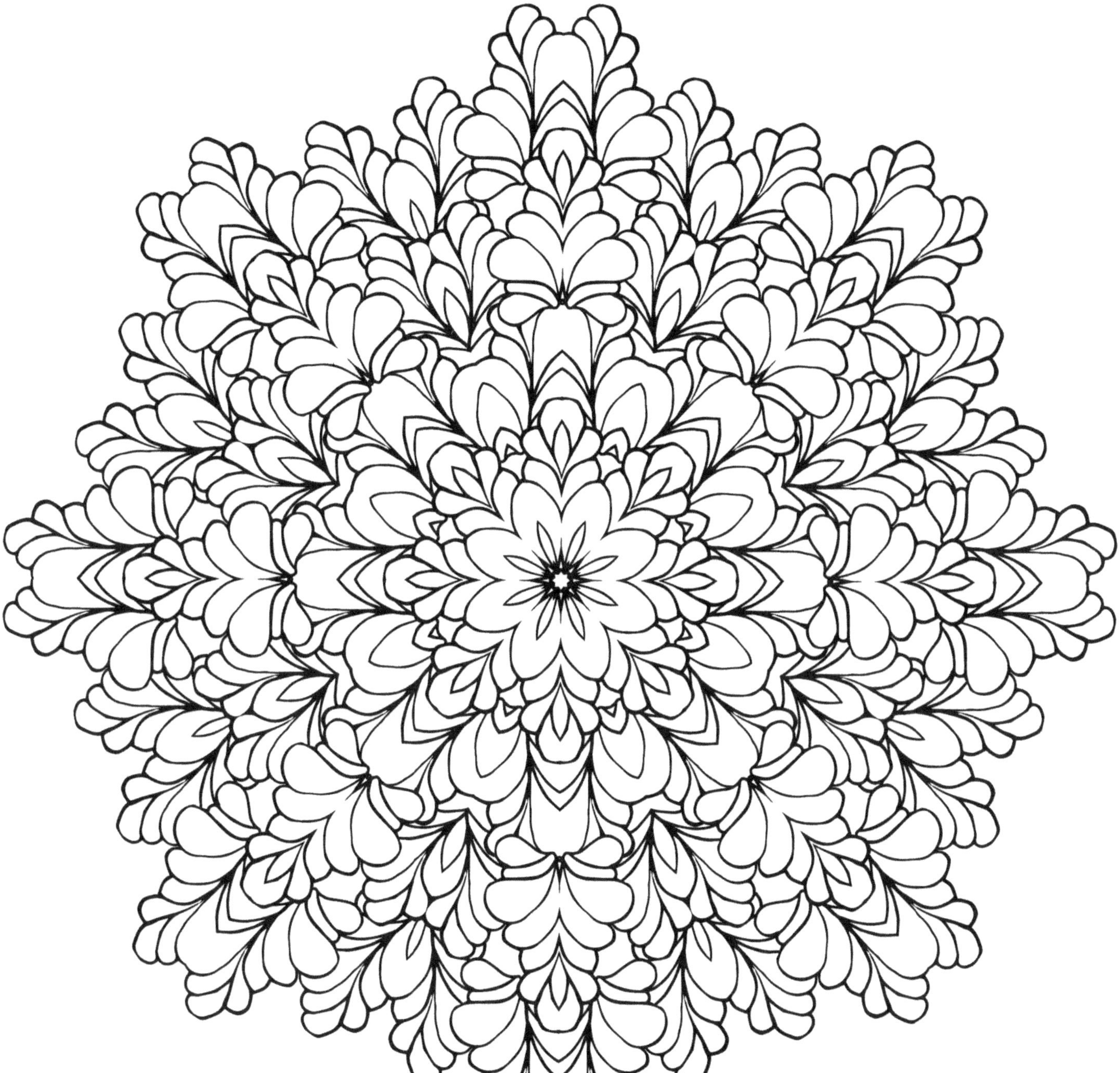

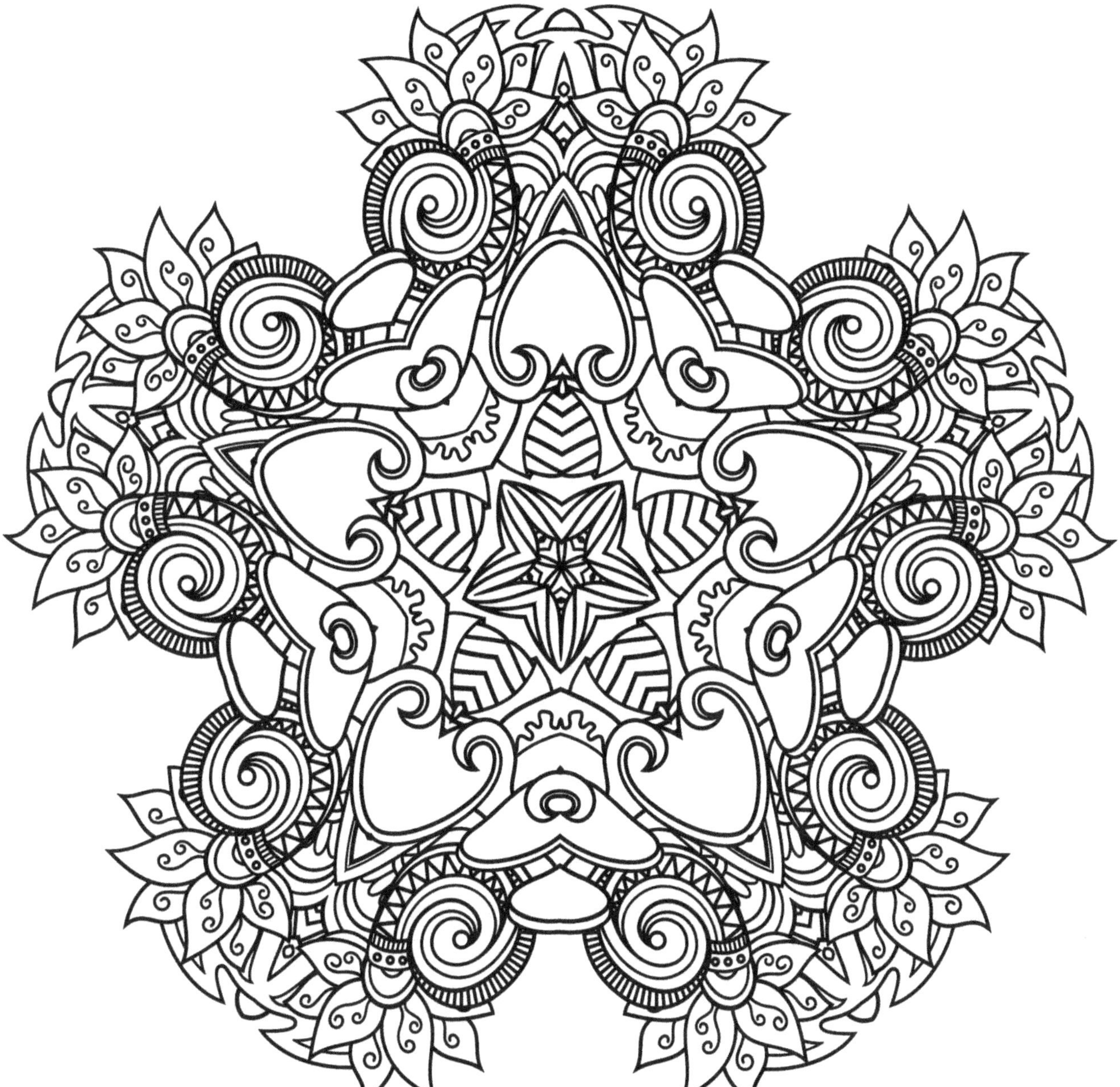

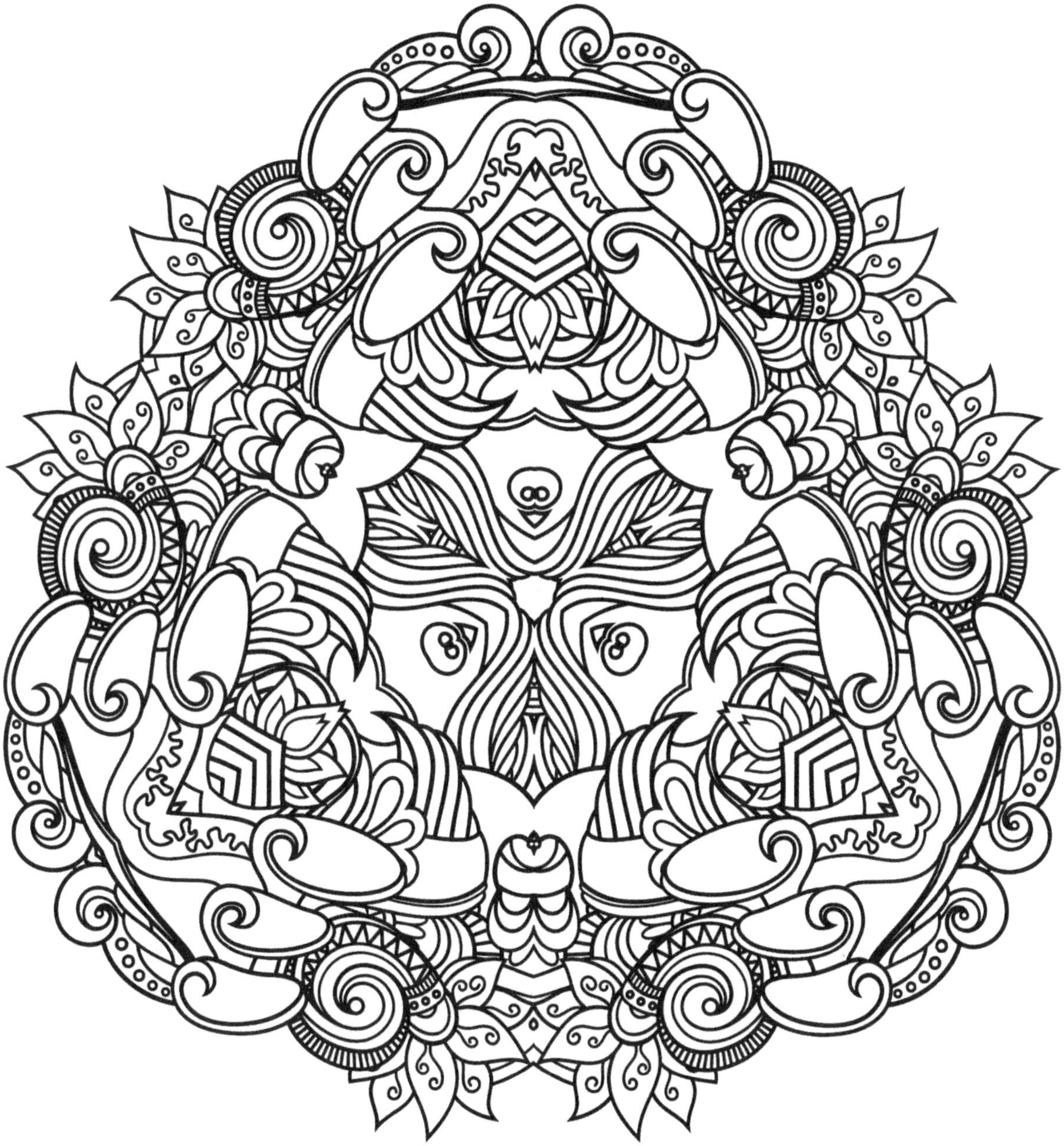

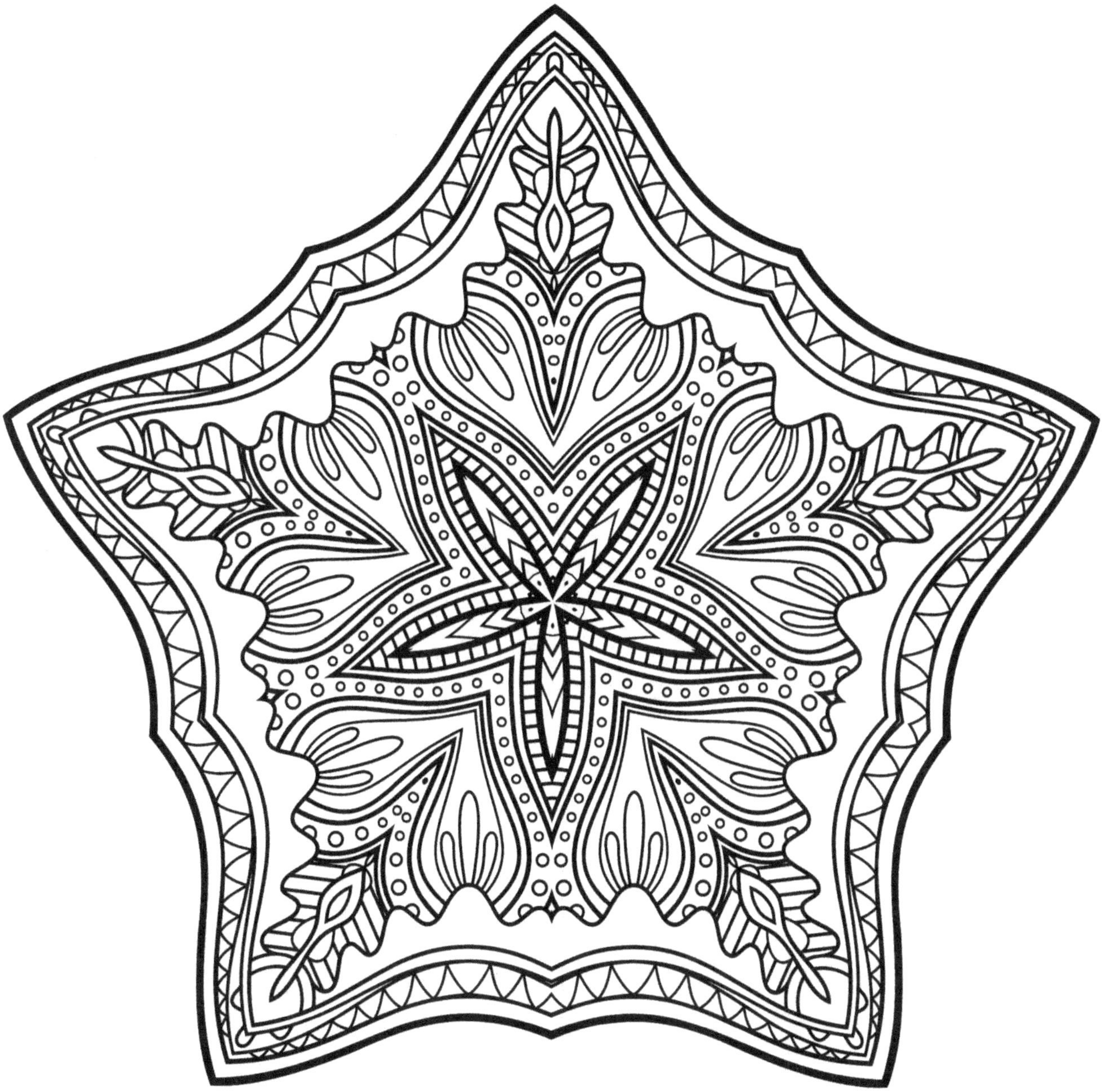

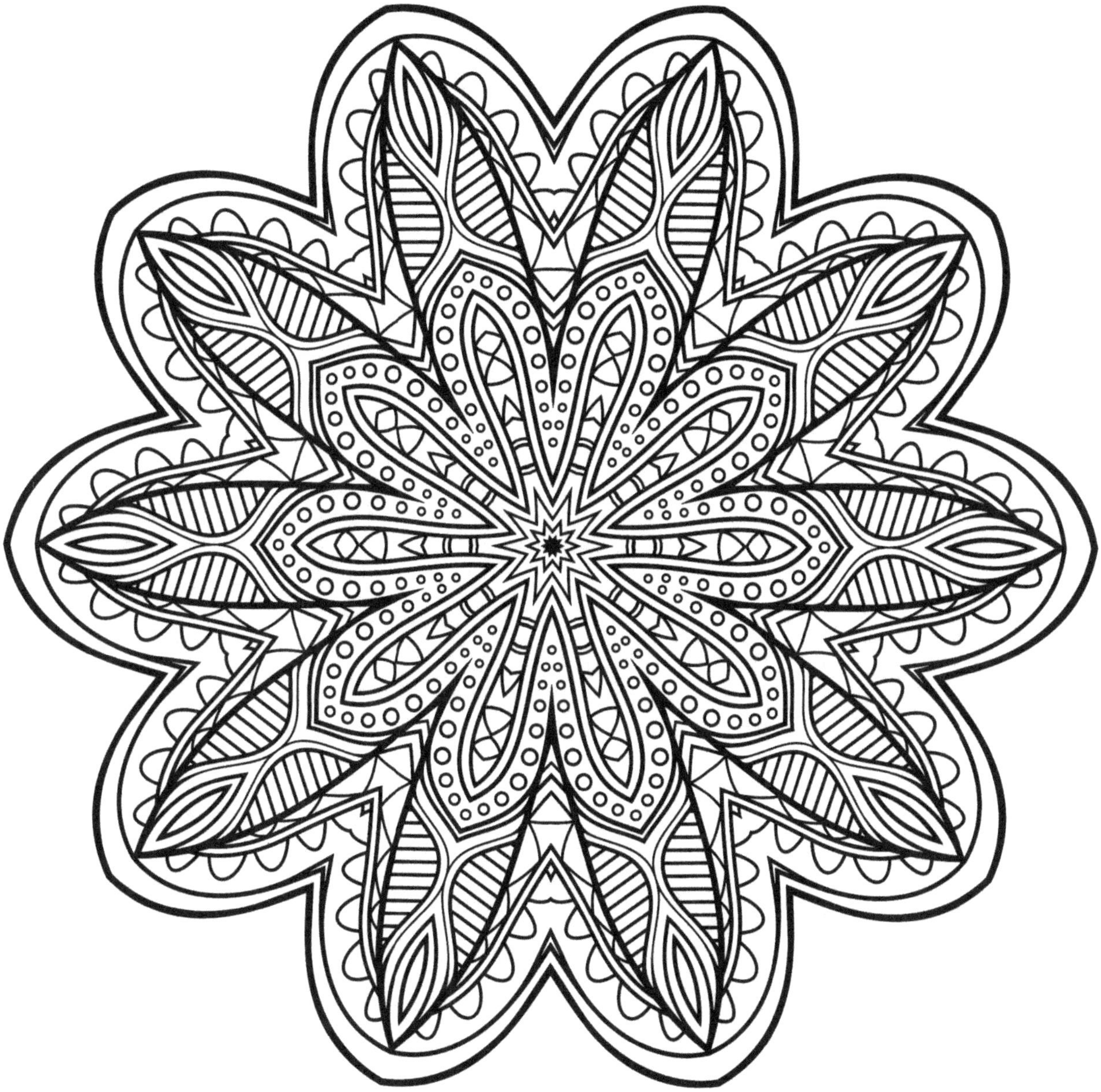

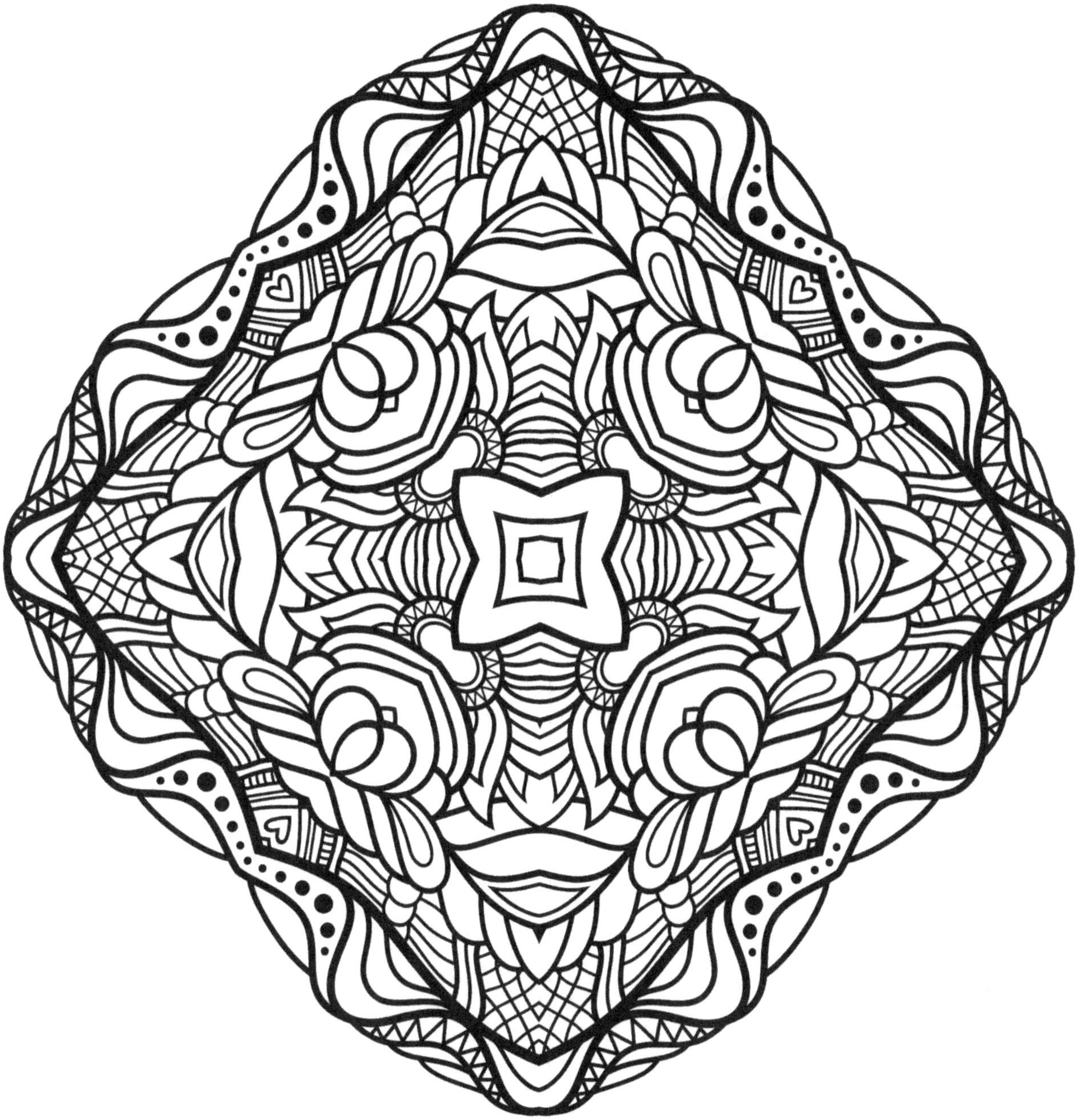

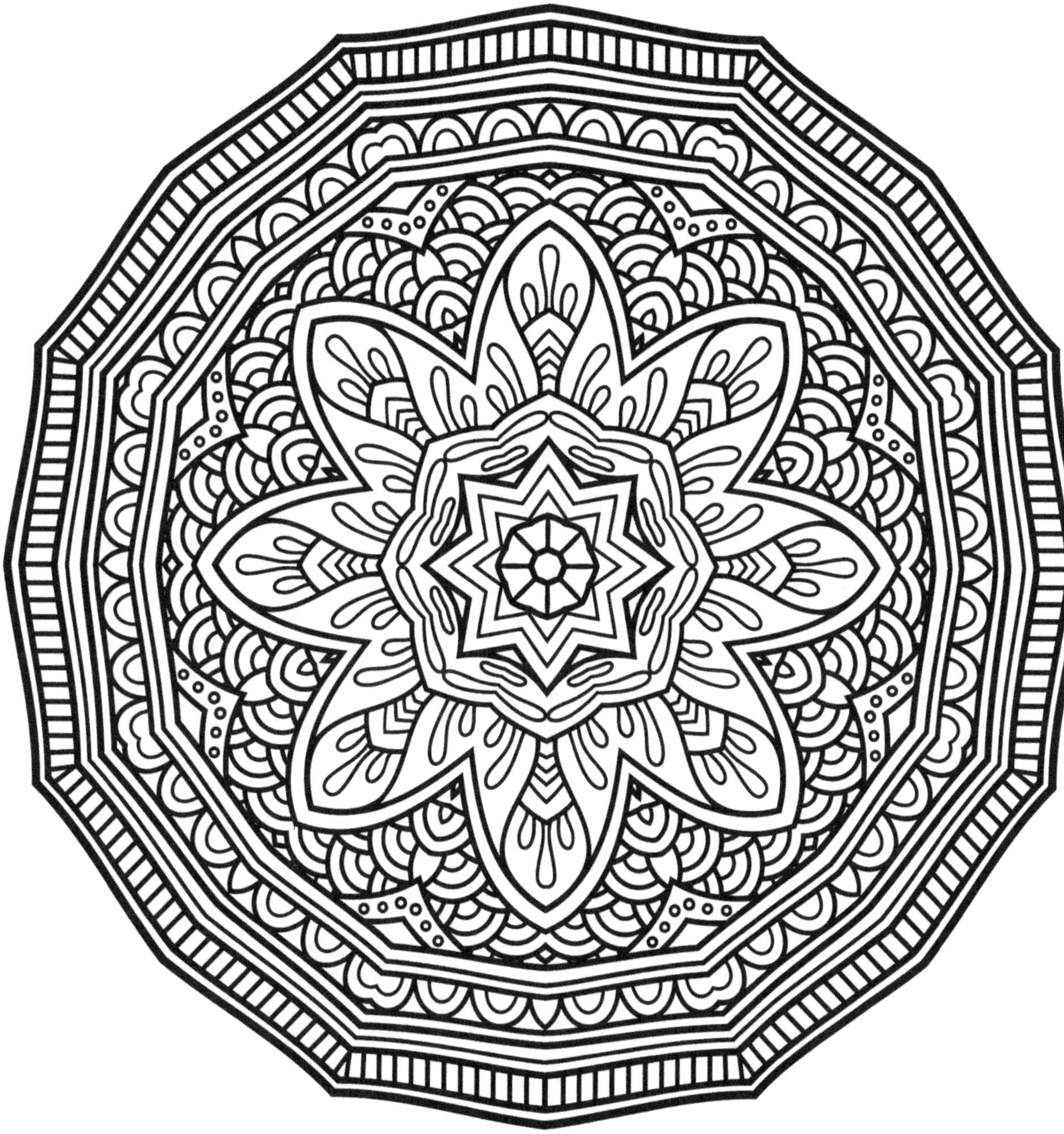

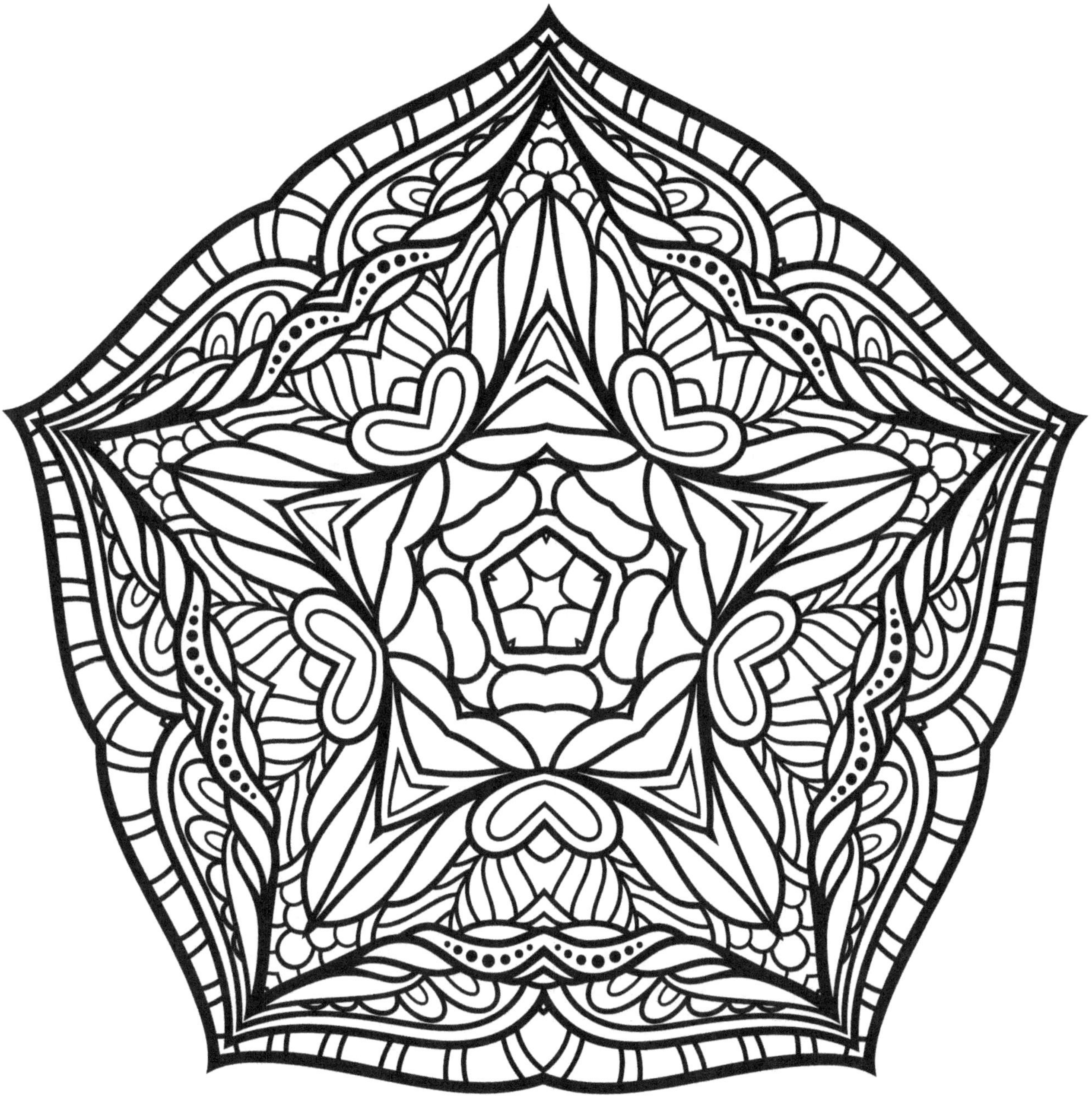

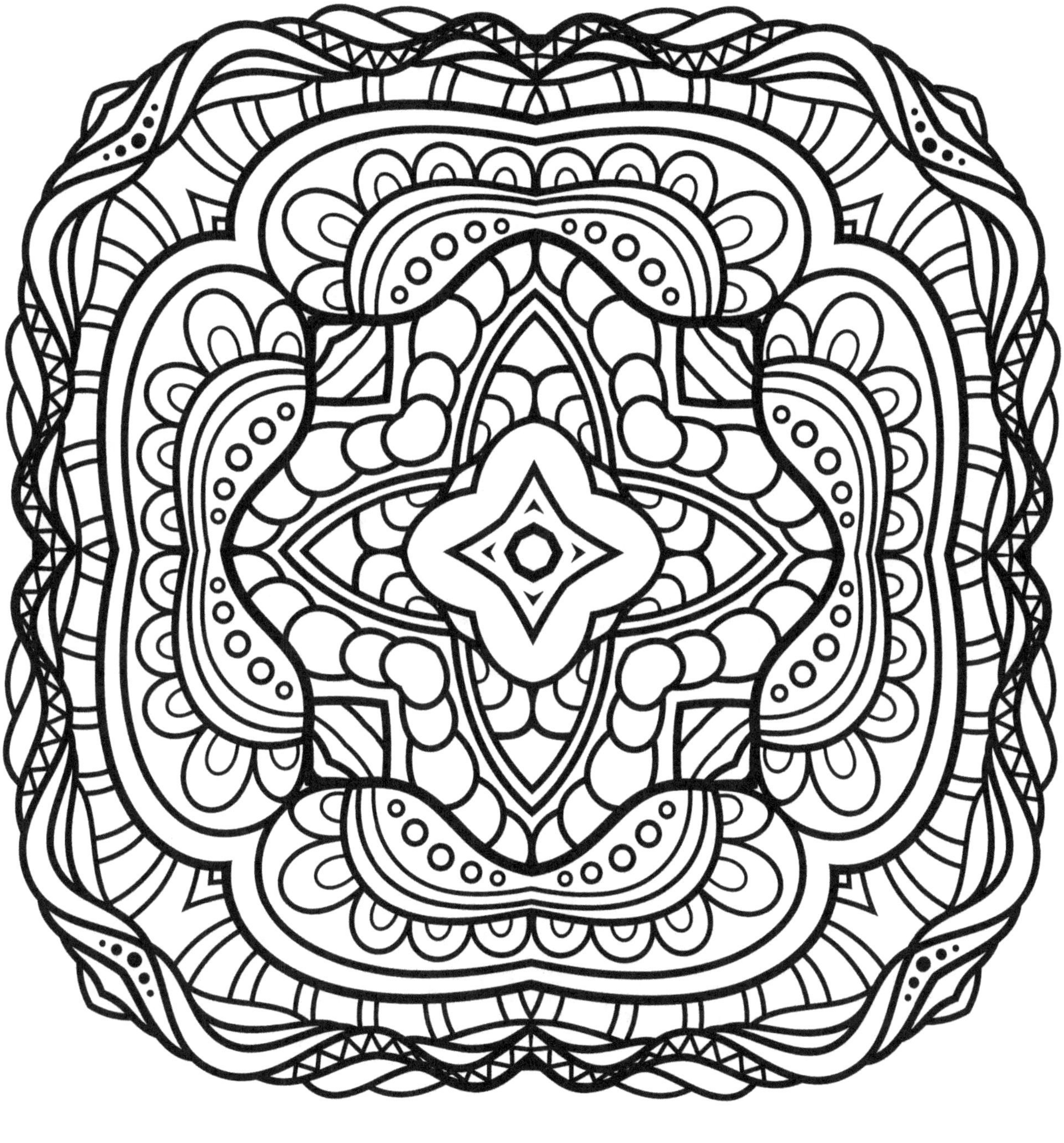

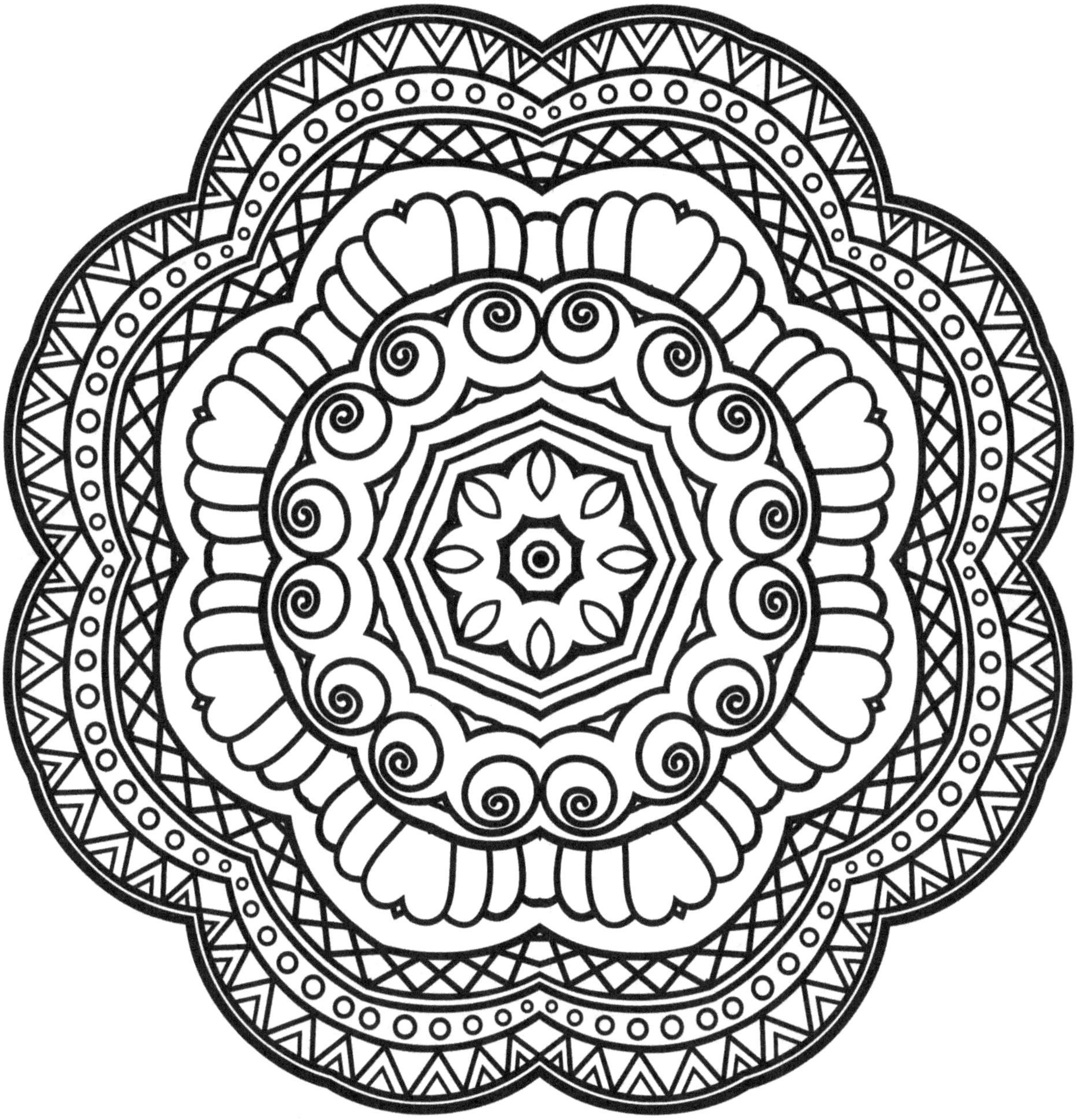

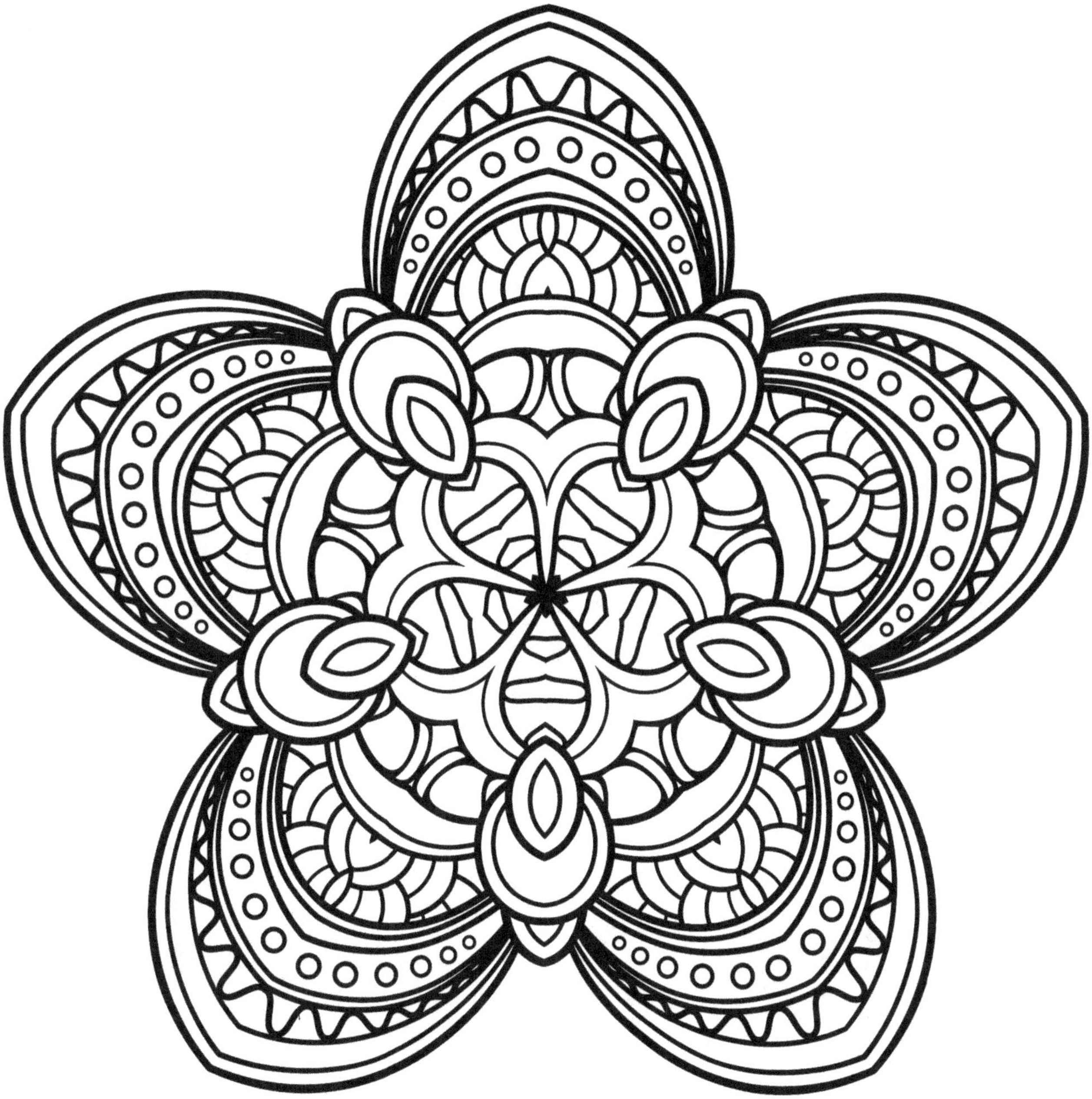

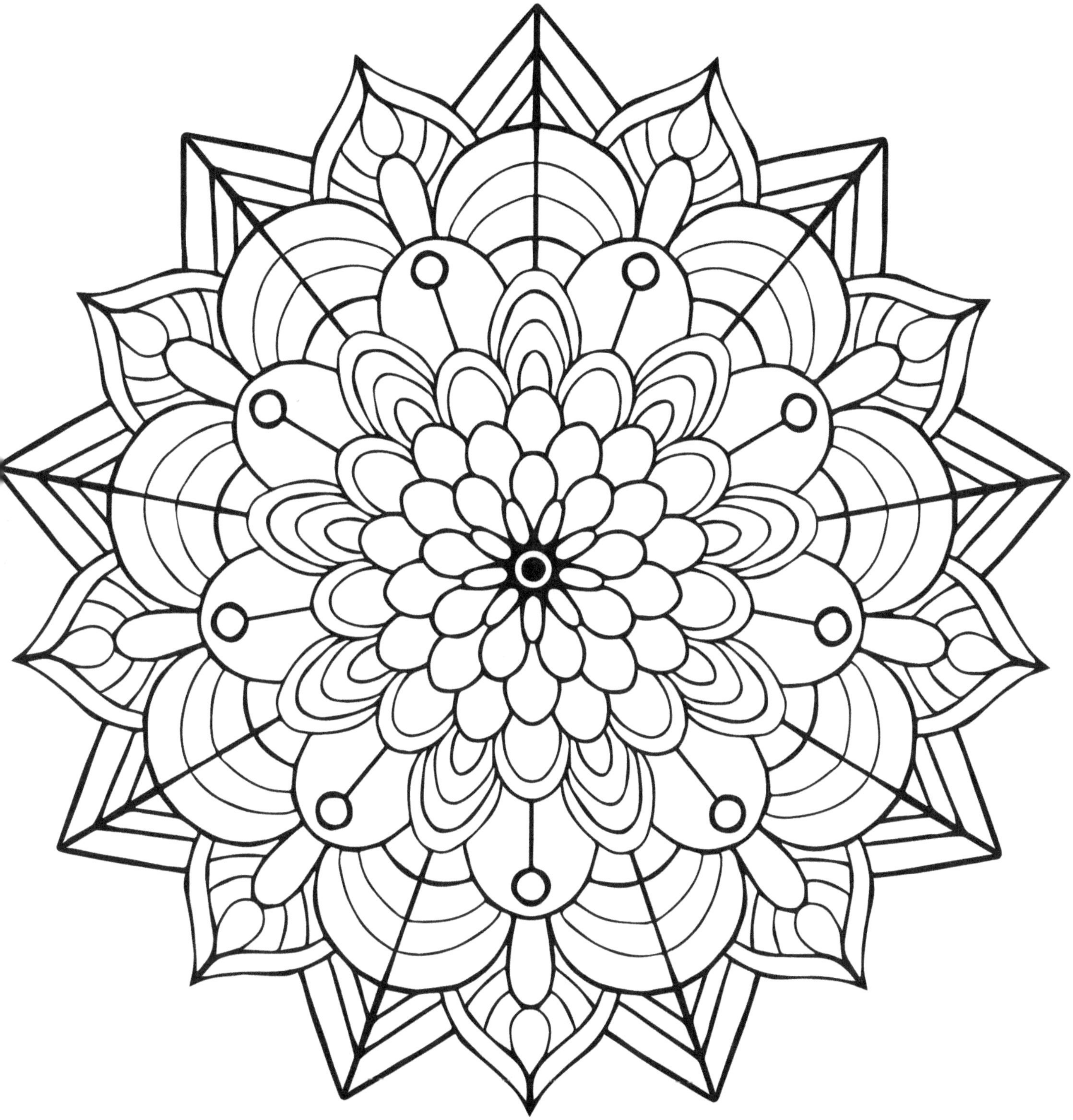

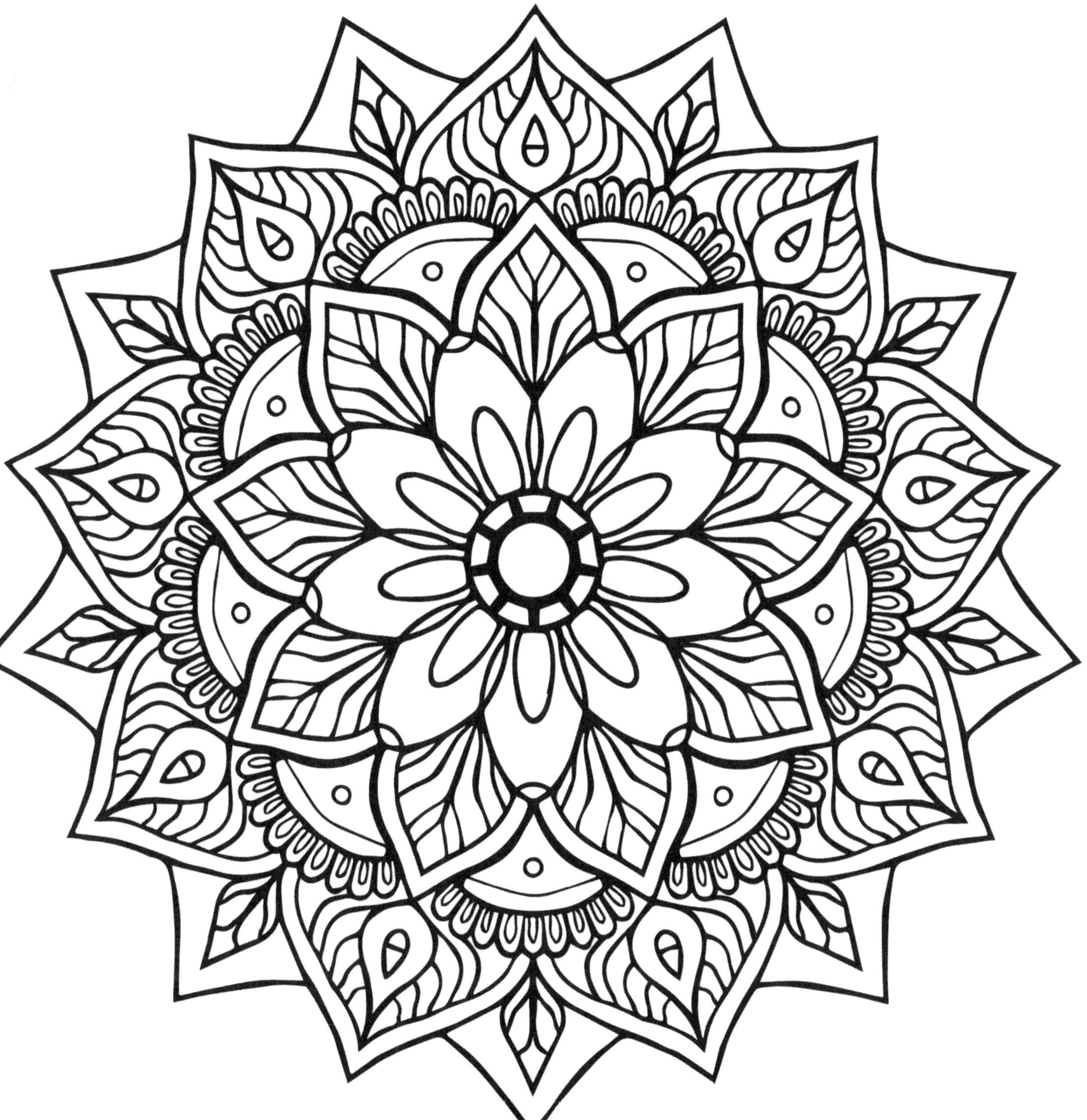

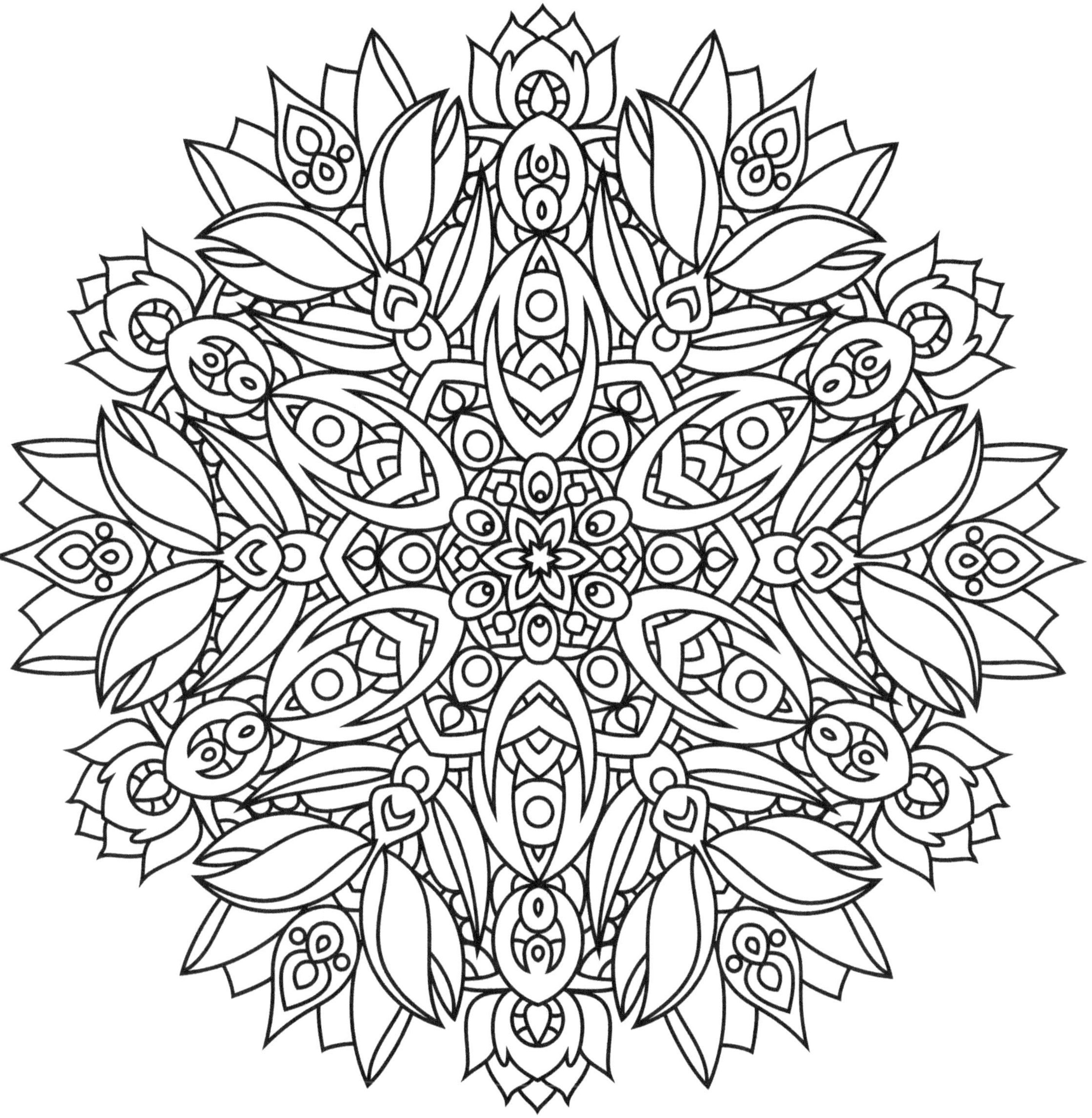

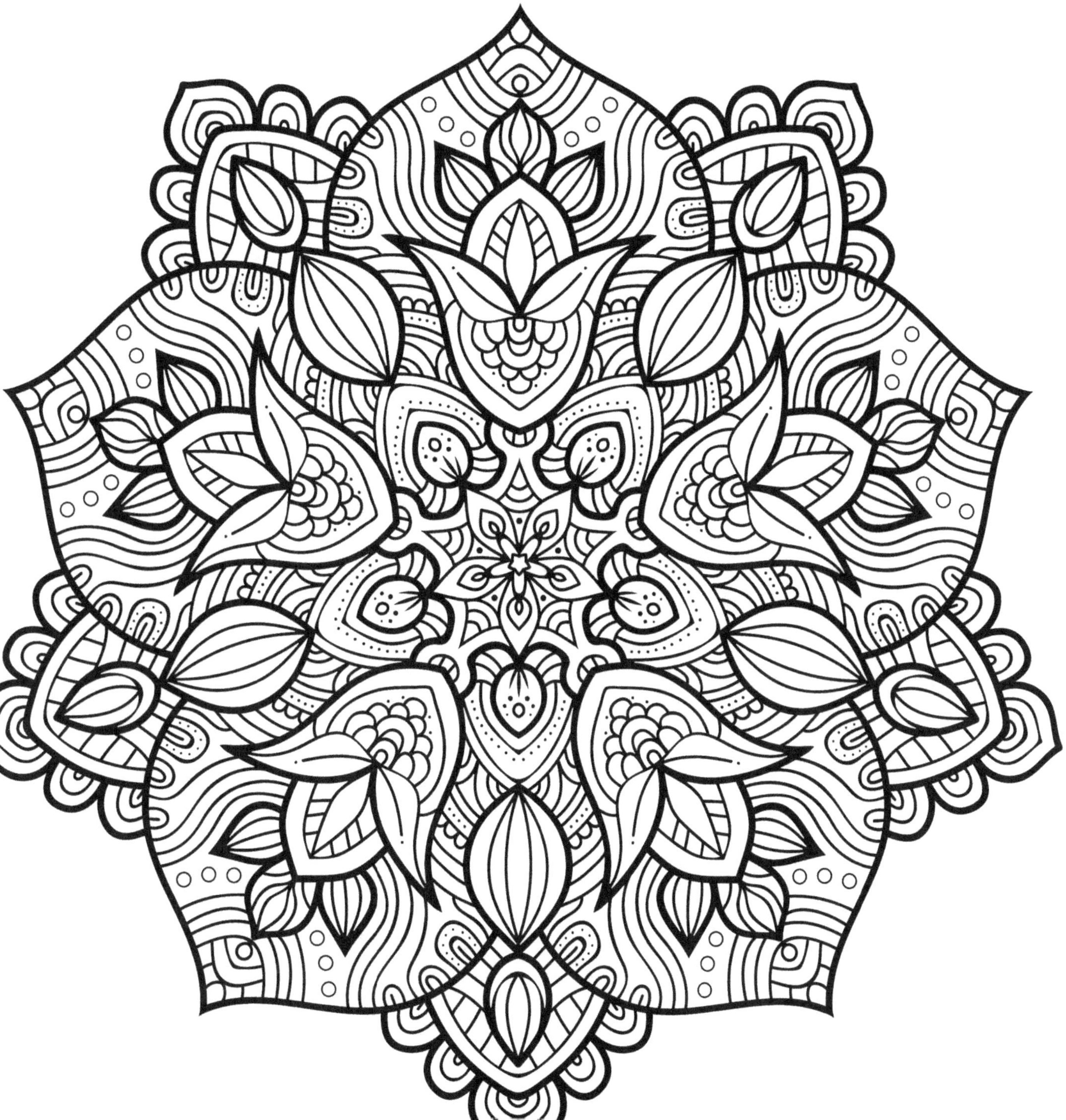

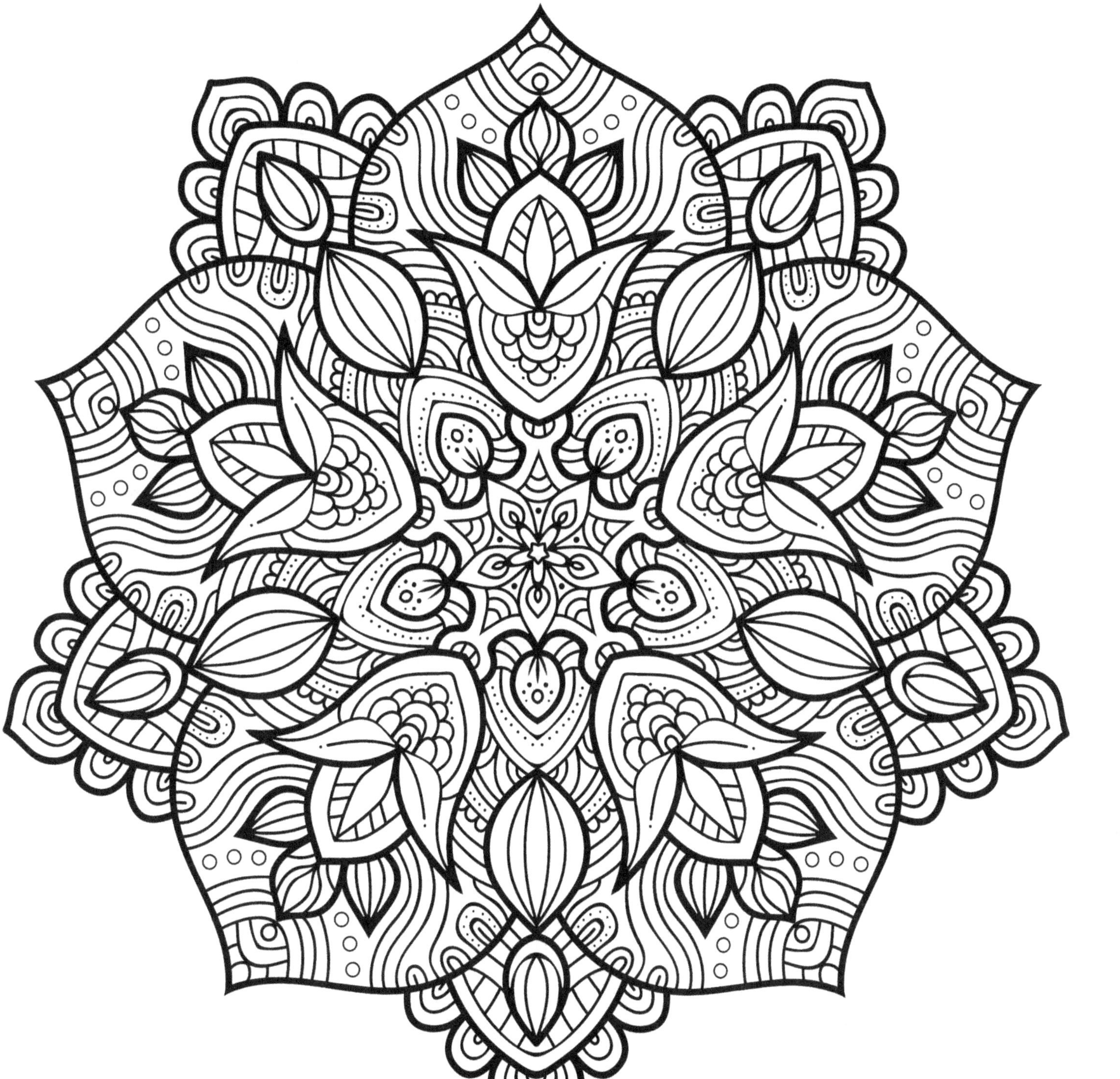

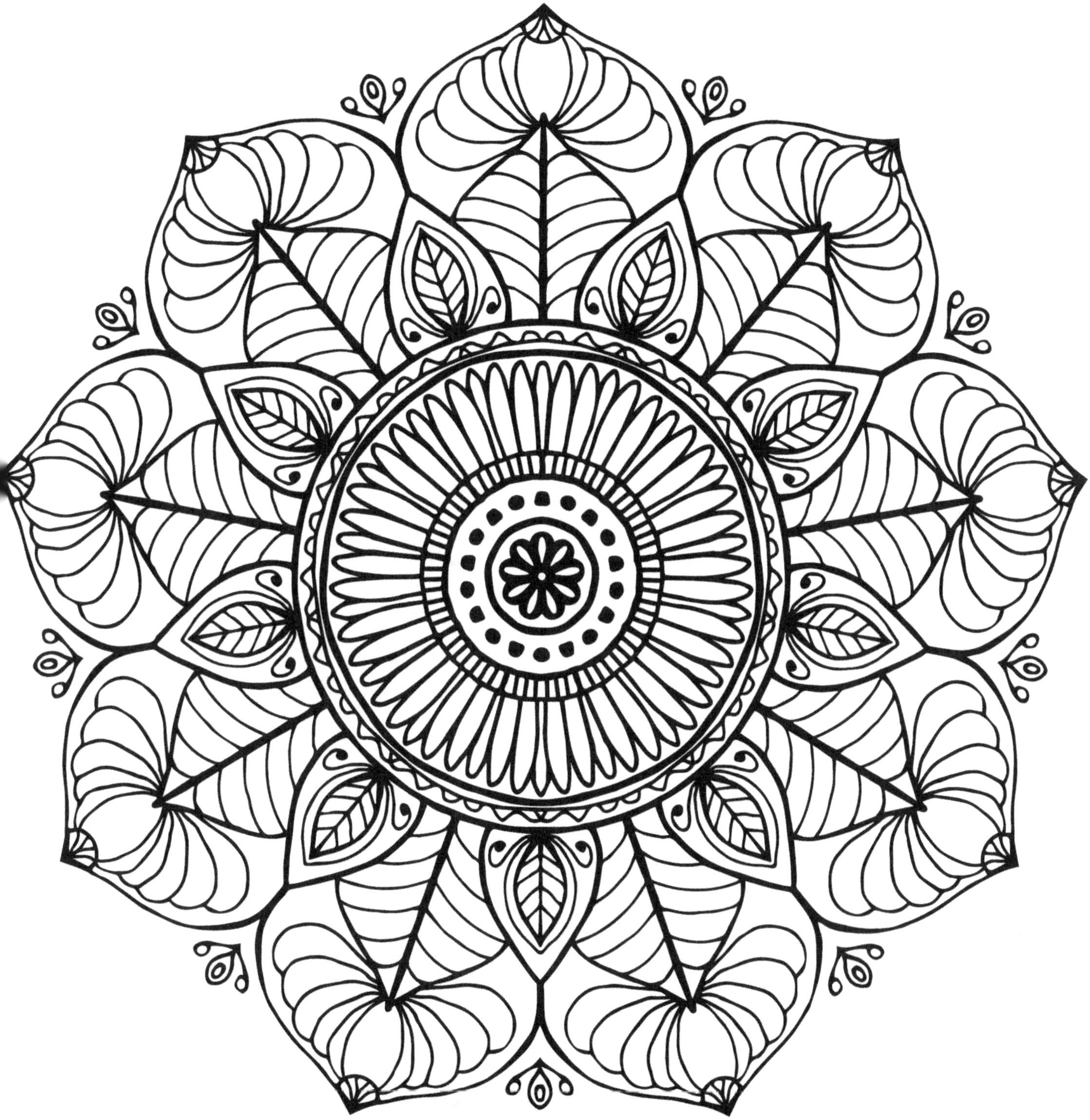

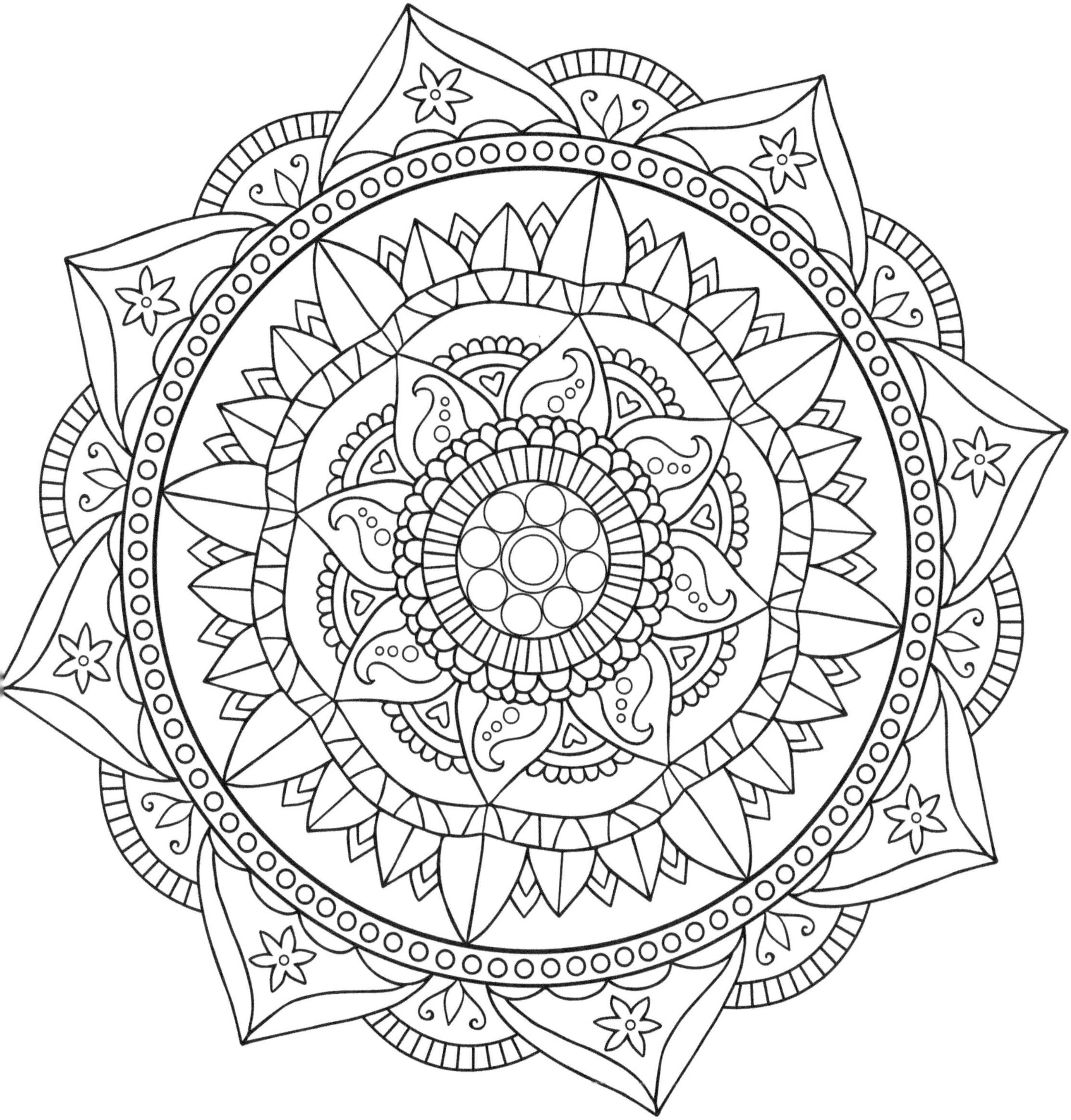

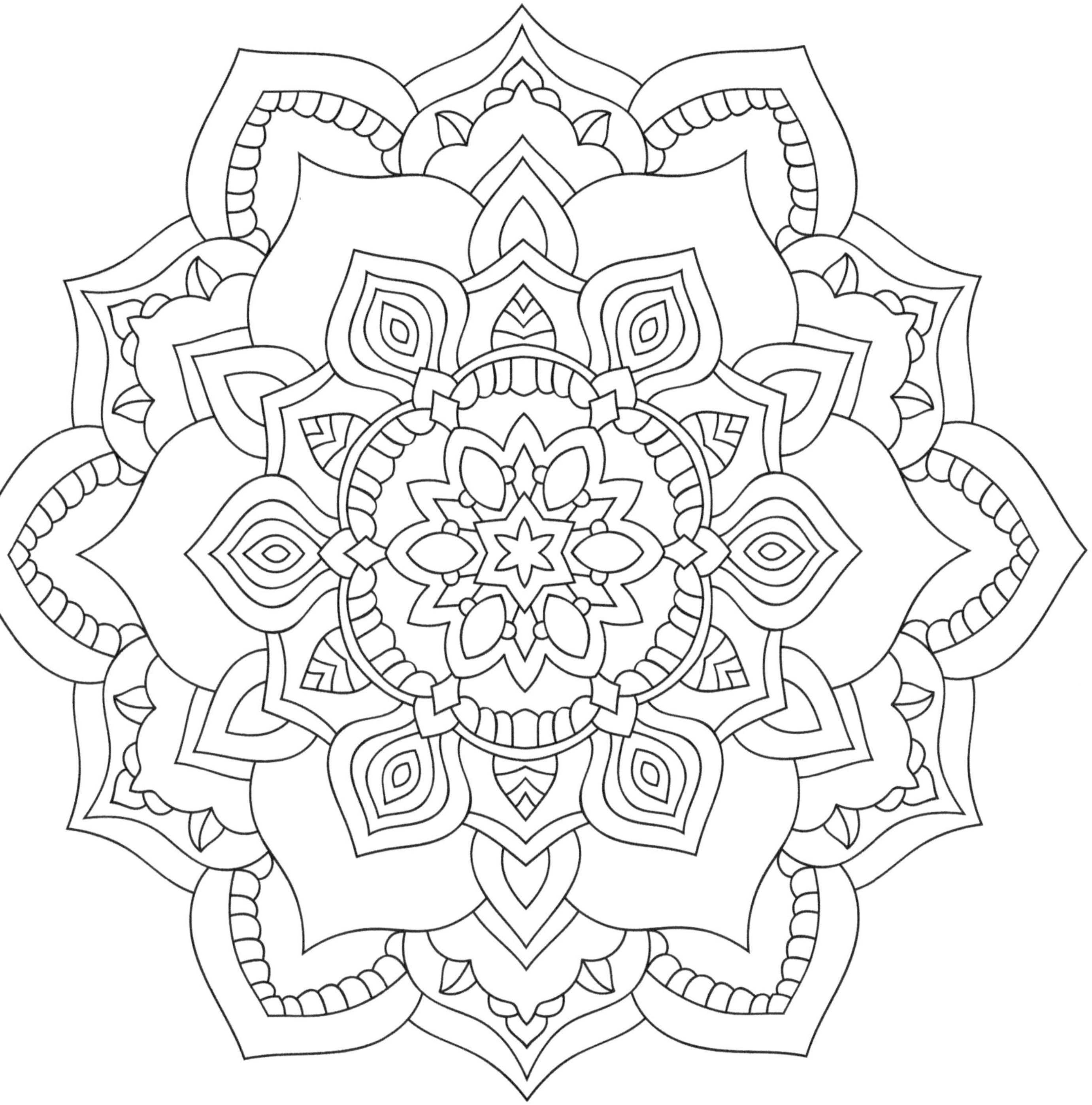

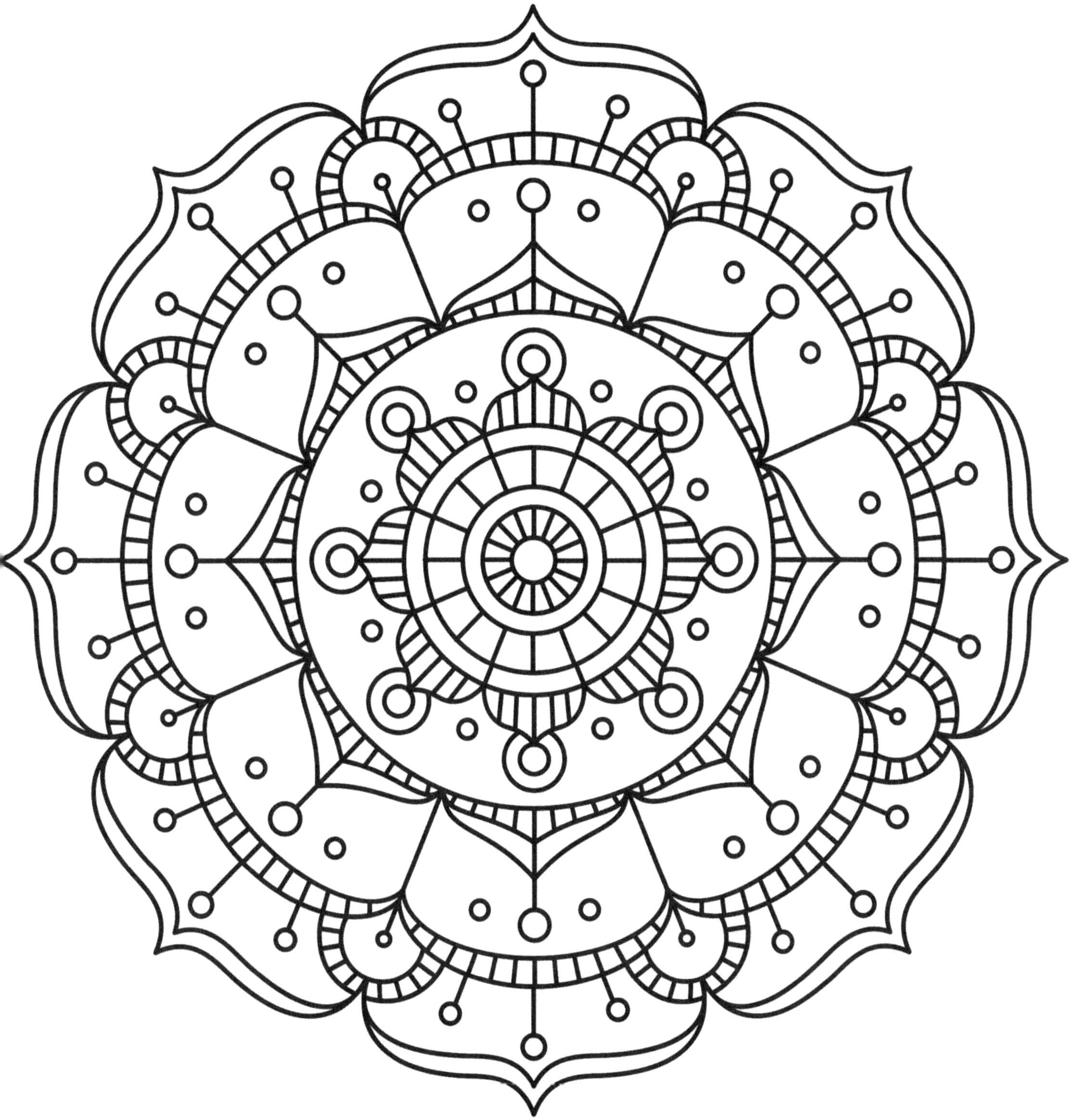

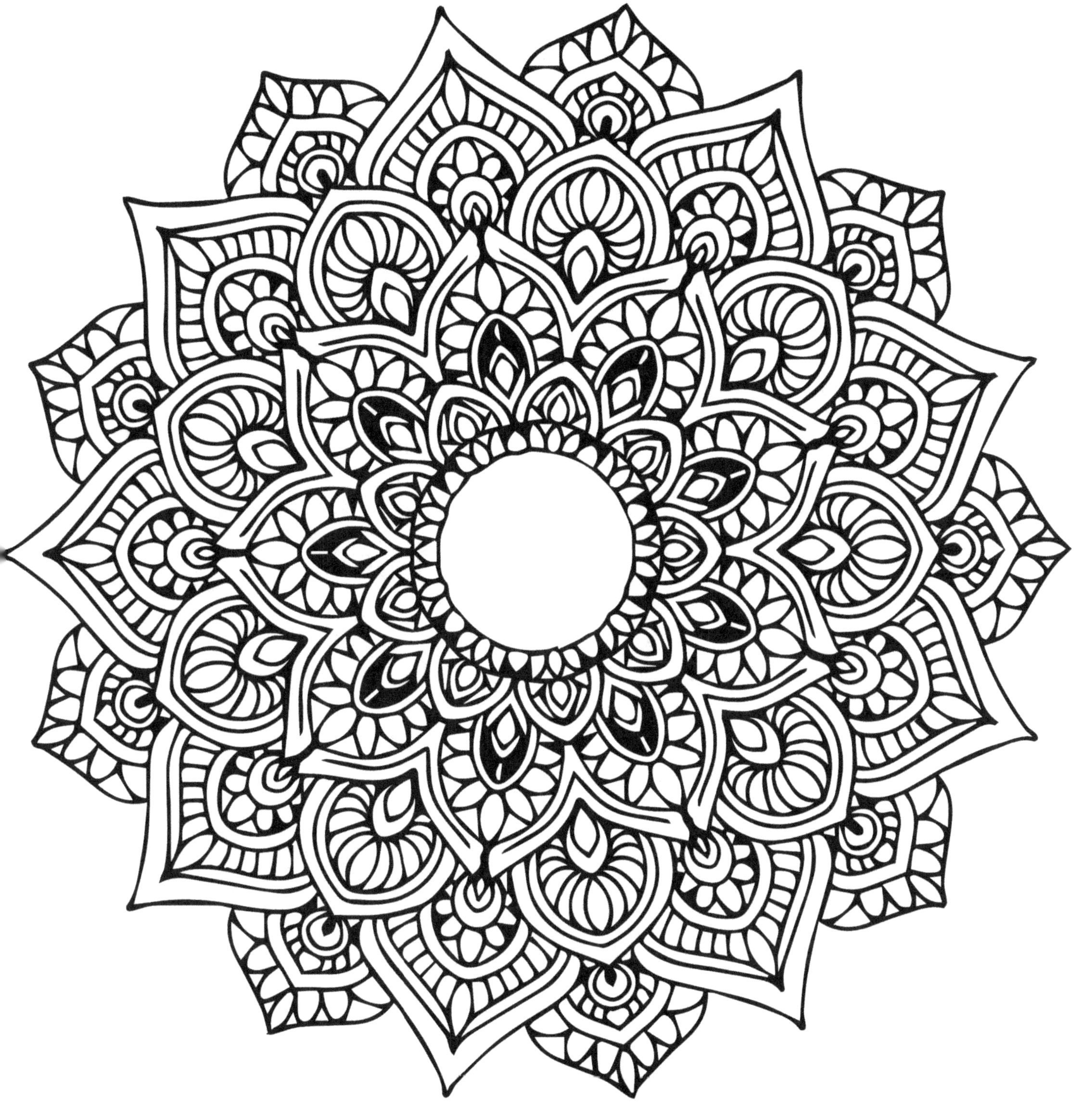

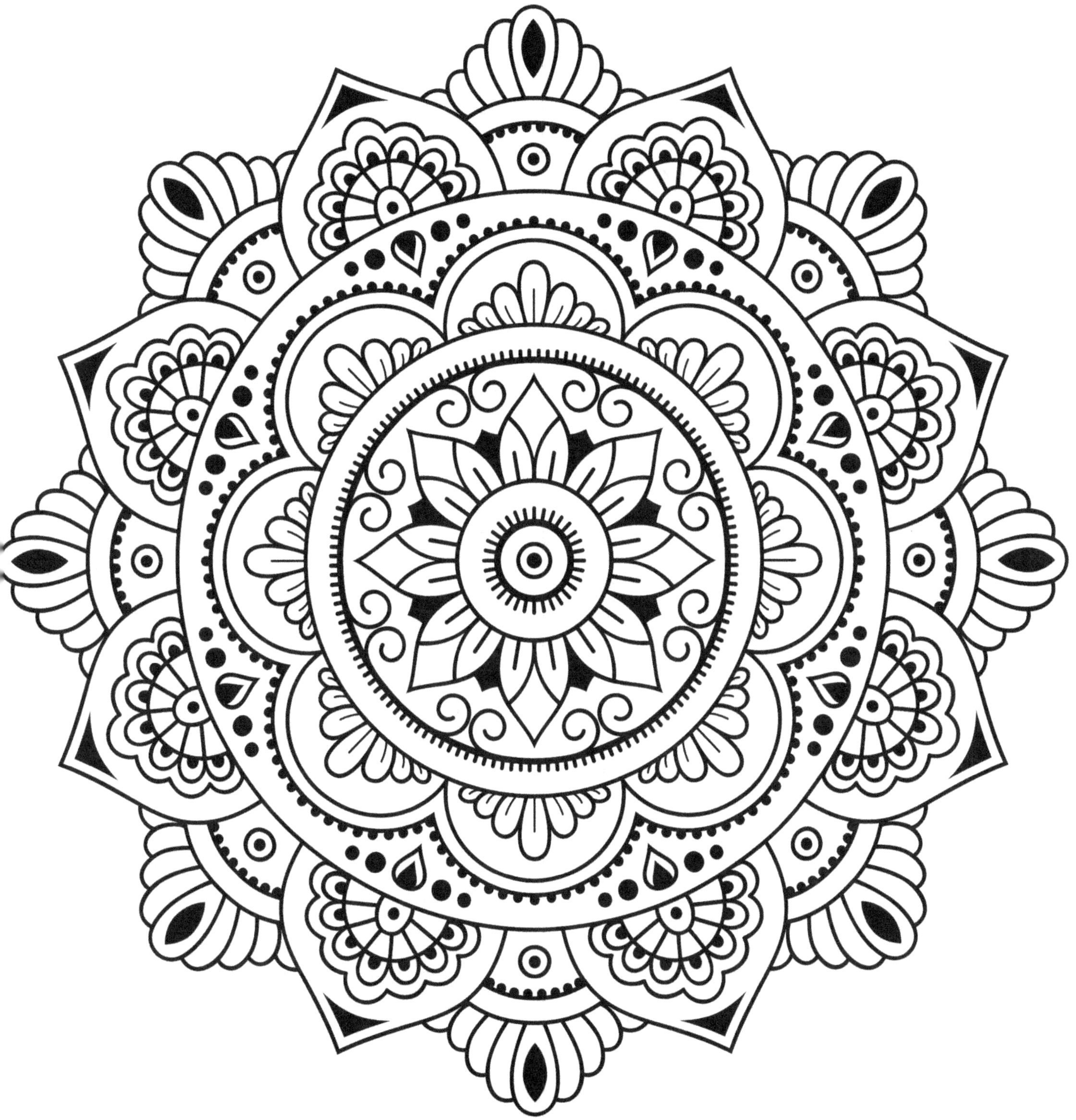

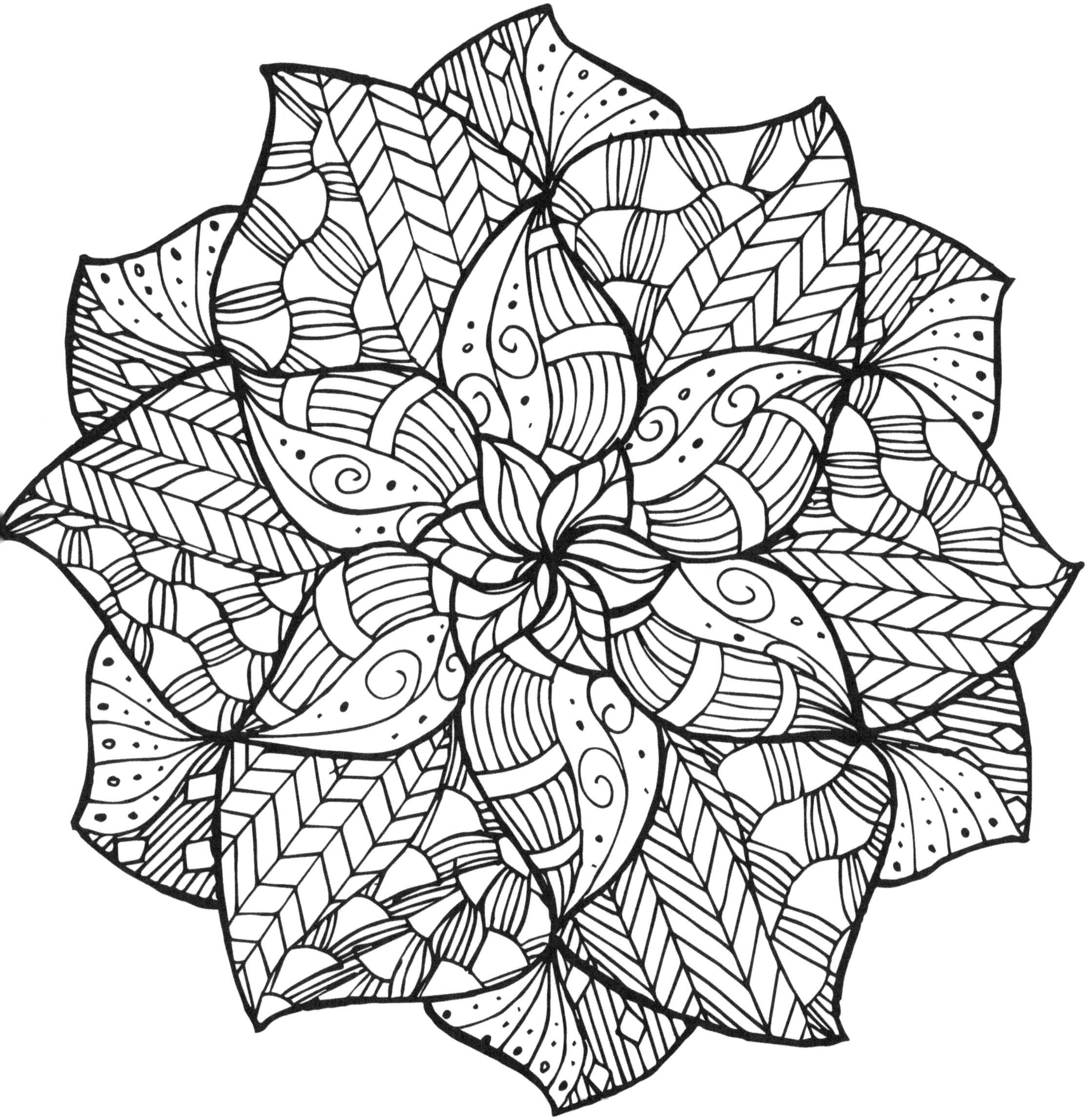

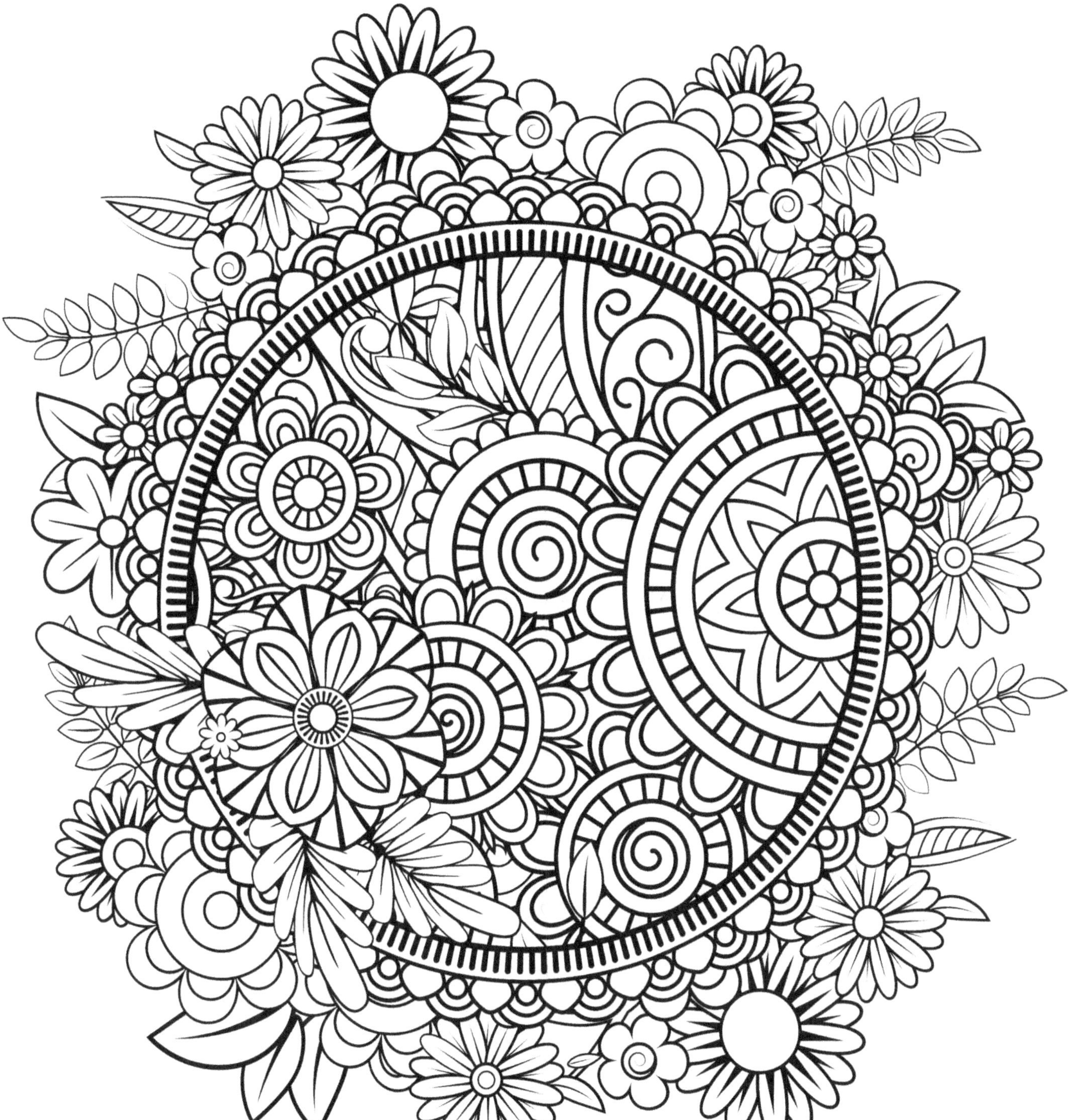

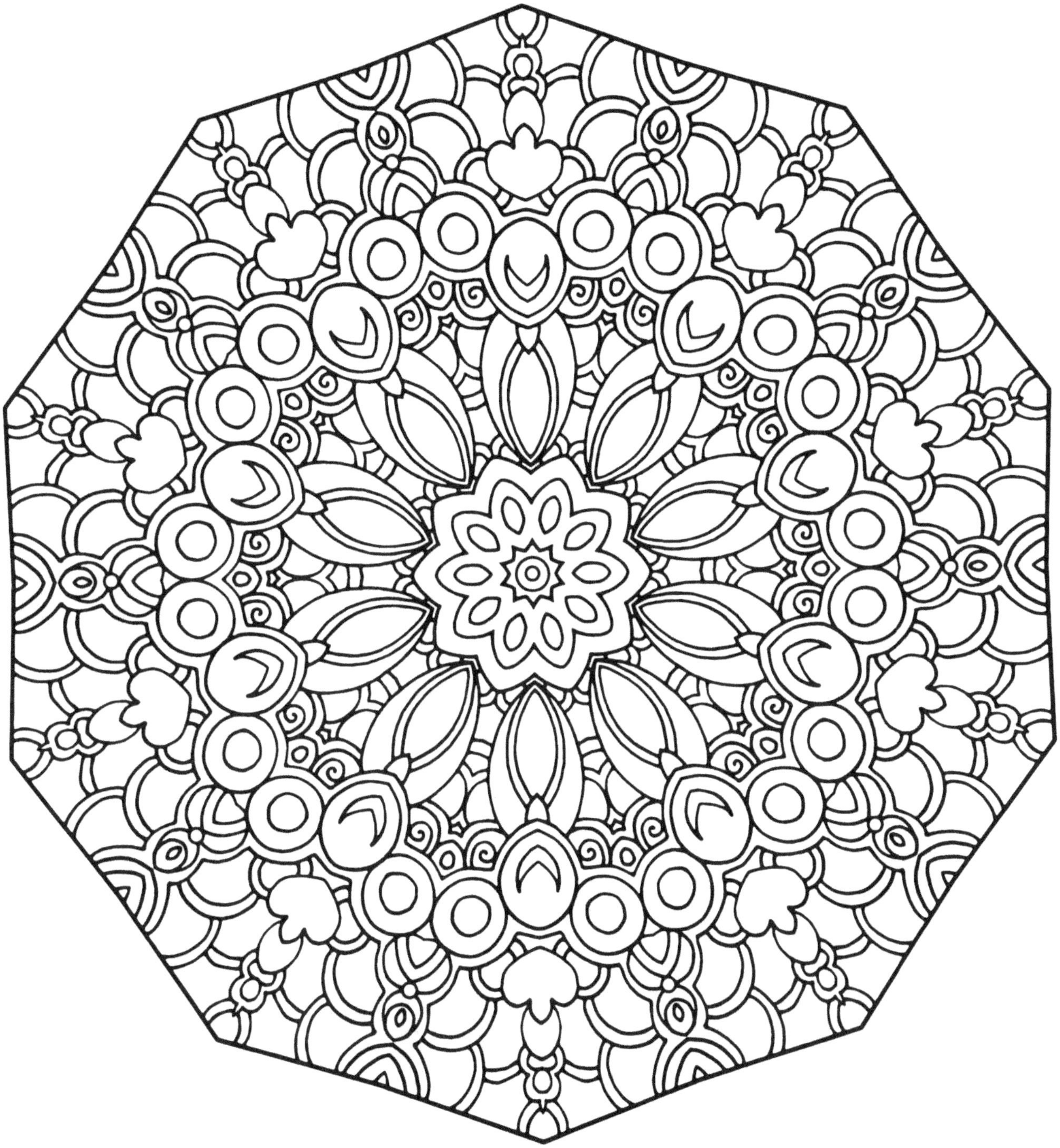

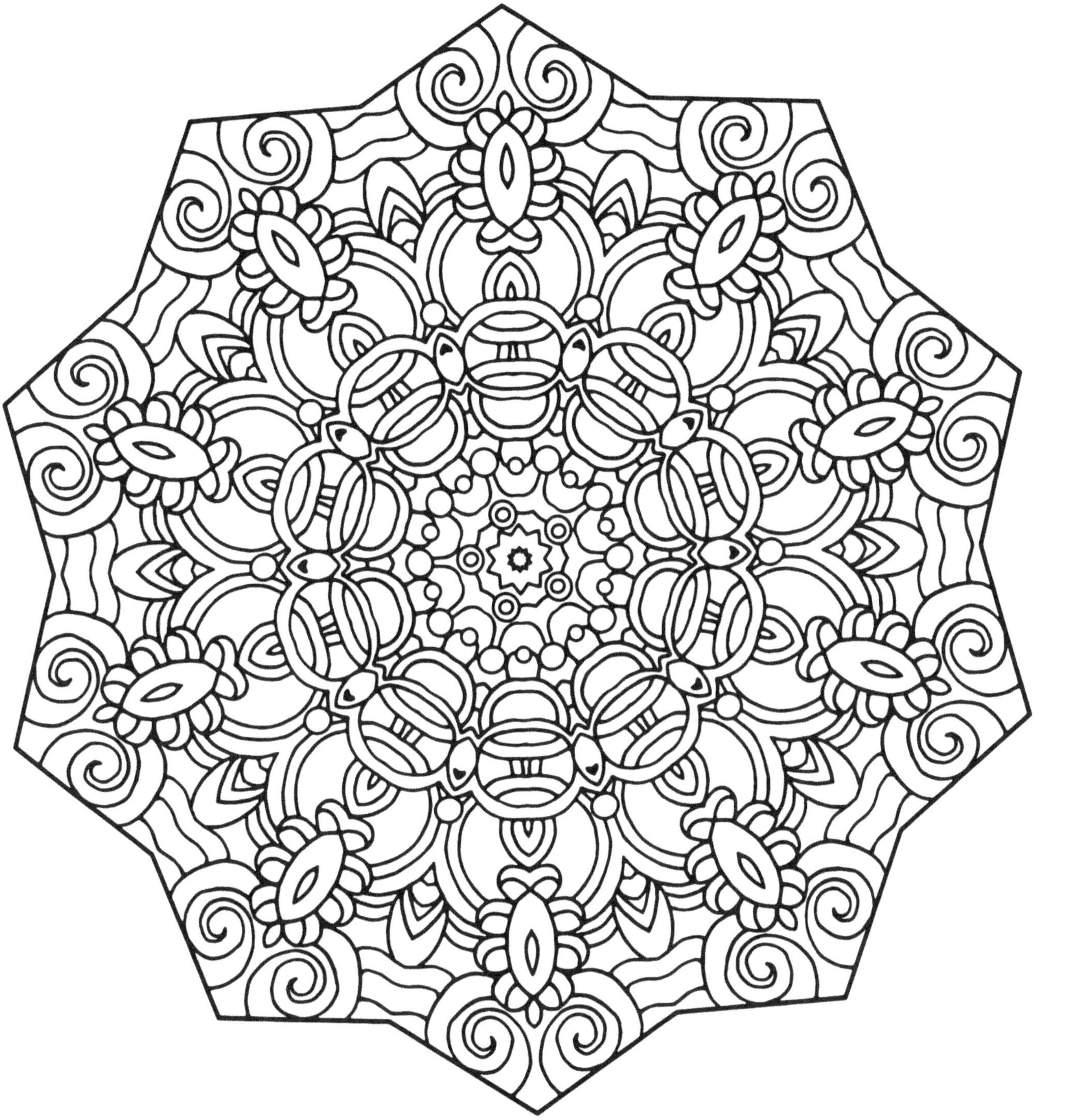

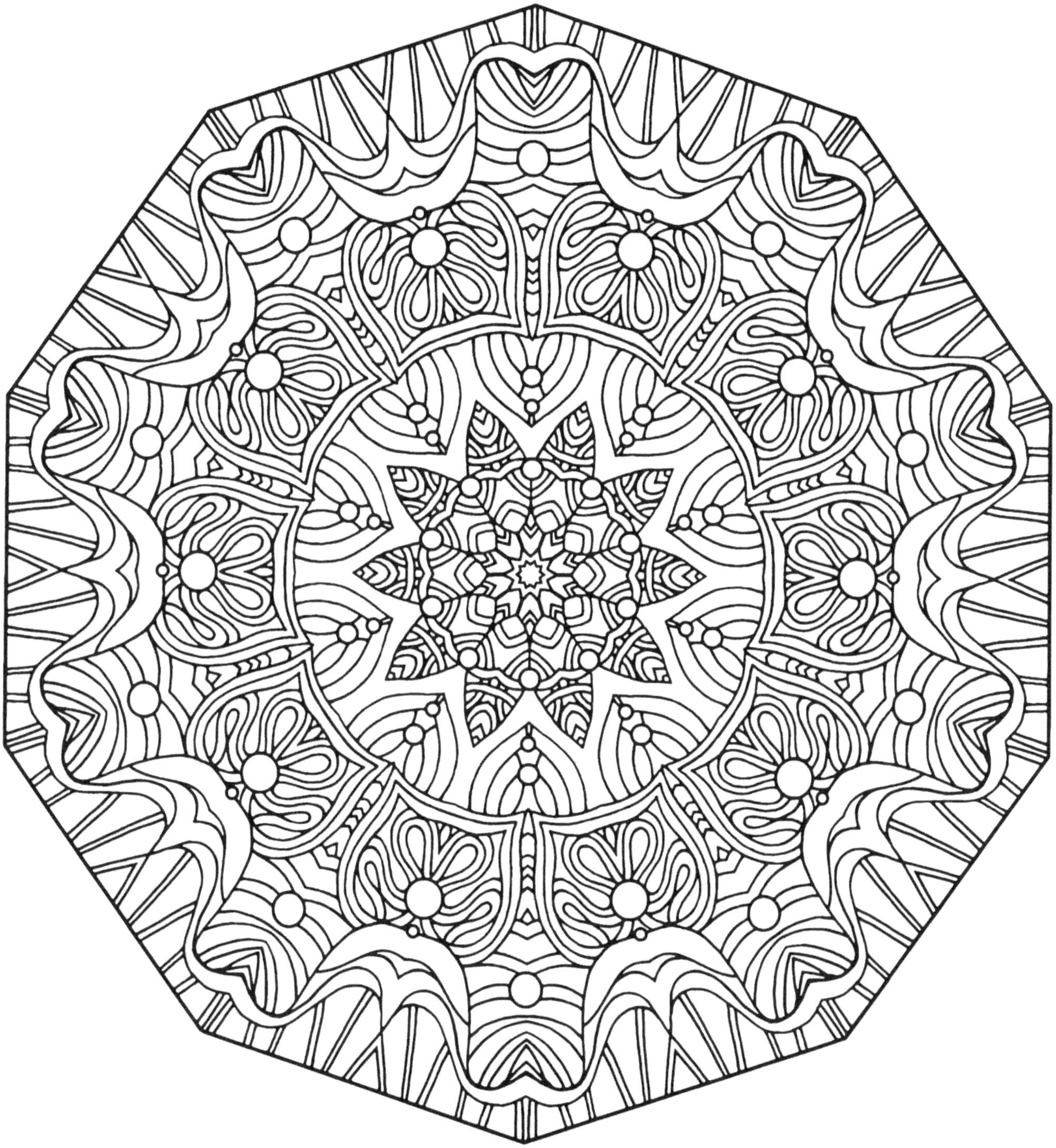

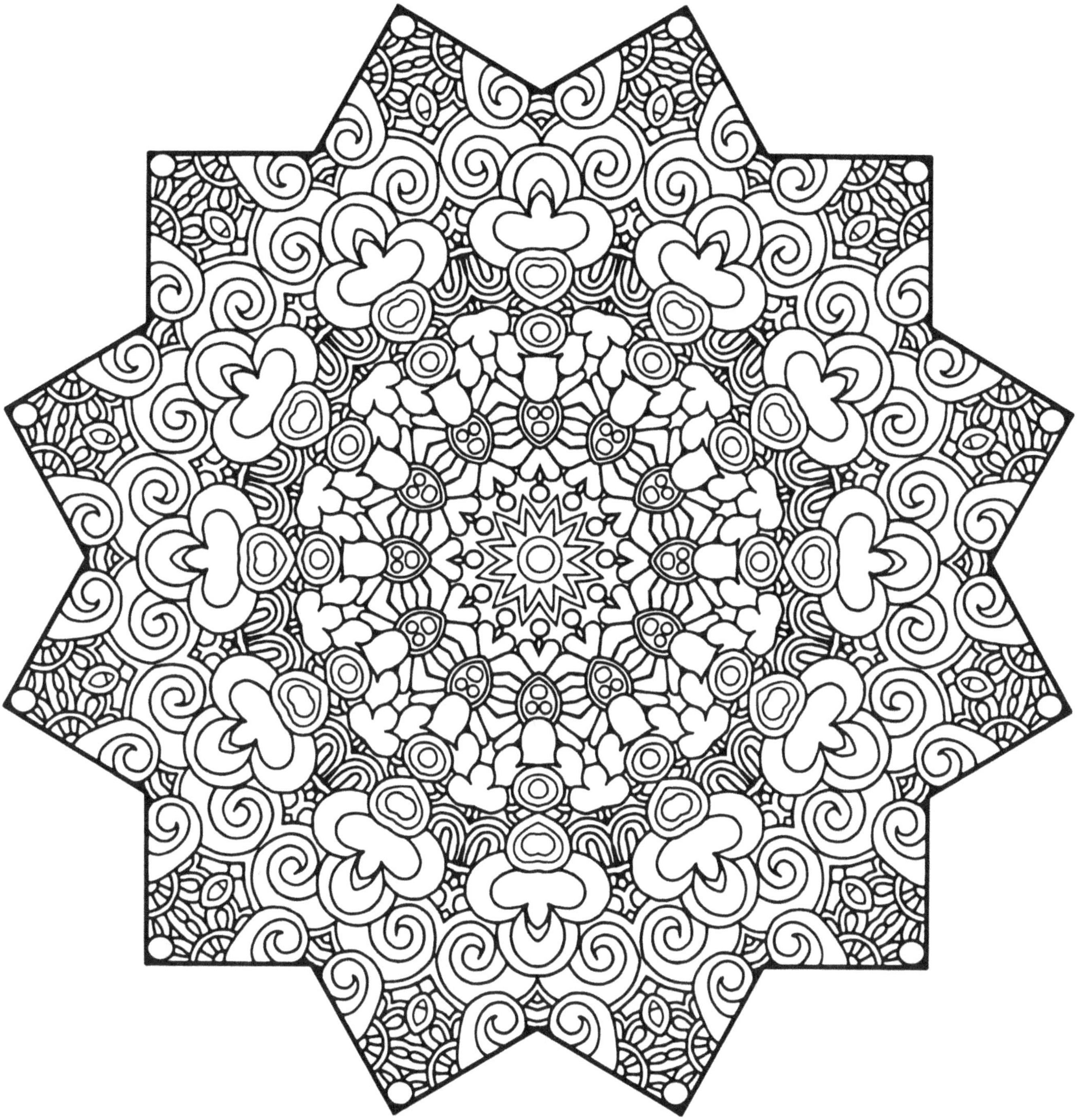

www.ingramcontent.com/pod-product-compliance
Lightning Source LLC
Chambersburg PA
CBHW082348220526
45470CB00008B/2682
* 9 7 9 8 3 2 6 4 8 8 4 1 1 *